도쿠가와 이에야스 인간경영

TOKUGAWA IEYASU NO NINGEN KEIEI by DOMON Fuyuzi
Copyright ⓒ 1993 by DOMON Fuyuzi

Originally published in Japan by SHODENSHA PUBLISHING CO., LTD., Tokyo.
Korean Translation Copyright ⓒ 2000 by Jakkajungsin Publishing Co.
Korean translation rights arranged with SHODENSHA PUBLISHING CO., LTD.,
Japan through THE SAKAI AGENCY / ORION and Imprima Korea Agency
All rights reserved.

이 책의 한국어판 저작권은 Imprima Korea Agency를 통해
SHODENSHA PUBLISHING CO., LTD.,와의 독점계약으로 도서출판 작가정신에 있습니다.
저작권법에 의해 한국 내에서 보호를 받는 저작물이므로 무단전재와 무단복제를 금합니다.

도쿠가와 이에야스 인간경영

德川家康の人間經營

도몬 후유지 지음

이정환 옮김

경영정신

주제를 바꾸면
되살아나는 도쿠가와 이에야스

머리말

도쿠가와 이에야스德川家康는 시대 상황에 따라 몇 번이나 되살아나는 불가사의한 존재다. 그래서 그를 '너구리 영감'이라고 부르는지도 모른다. 그러나 너구리 영감이라는 별명은 그가 많은 사람을 속이거나 농락했다는 의미가 아니라 그의 복잡한 성격과 행동에 기인한다.

도쿠가와의 복잡성을 분석해보면 구성 요소가 엄청나게 많다는 점을 깨닫게 된다. 그만큼 여러 얼굴을 가지고 있다는 것이다. 도쿠가와를 물체로 비유한다면 다각형이다. 시대적 상황에 맞추어 어느 각도에서 어떻게 빛을 비추느냐에 따라 모양이 달라진다. 게다가 어떤 빛을 비추어도 그 빛에 반드시 반응하는 확실한 무엇인가를 그는 가지고 있다. 특히 우리가 간과하기 쉬운 점은 그가 늘 여론을 중시했다는 사실이다. 또한 '신뢰'를 매우 중요하게 여겼다는 점도 들 수 있다. 우리는 '너구리 영감'이라는 오명에 사로잡혀 도쿠가와의 이런 면들을 무시해왔다고 말할 수 있다.

지금, 모든 가치관이 붕괴되는 세기말적 상황에 놓여 있는 일본 사회에 있어서 가장 중요한 점은 여론을 중시해야 한다는 것과 사람과 사람 사이의 신뢰를 회복하는 것 아닐까?

도쿠가와는 여론을 중시하고 자신에 대한 신뢰감을 유지하기 위해 여러 종류의 전략을 구사했는데 가장 큰 전략이, 항상 안정된 조직 위에 군림하는 것이었다.

그러나 안정된 조직 위에 군림하려면 일단 그런 조직을 만들어야 하고 동시에 그것을 오랜 기간 유지하고 관리해야 한다. 그렇게 하기 위해 그는 다음과 같은 전략을 세웠다.

― 모든 면에 분단법分斷法을 활용한다.
― 한 사람에게 꽃과 열매를 함께 주지 않는다.

― 늘 민심의 동향을 파악한다.

― 상인의 검소한 생활, 계산 능력, 재능 등 세 가지 원칙을 기본 전략으로 삼는다.

도쿠가와 막부가 출범했을 당시, 그는 두뇌와 몸을 분리했다. 두뇌 쪽은 자신이 맡고 몸은 아들 히데타다에게 맡겼다. 쇼군將軍이 된 지 불과 2년 만에 도쿠가와는 은퇴하고 슨푸(駿府, 현재의 시즈오카 시)에 은거했다. 하지만 정치에서 완전히 손을 떼고 유유자적했던 것은 아니다. 그는 여러 두뇌를 그러모아 앞으로 일본을 어떻게 운영할 것인지 다방면에 걸친 지혜를 짜내게 했고 그렇게 해서 나온 좋은 지혜를 실현하라고 에도(江戶, 현재의 도쿄)의 히데타다 정부에 지시했다.

이 분단 방식은 그 후에도 줄곧 유지된다. 도쿠가와 막부는 바로 이 분단 방식에 근거하여 합의체제와 집단 지도체제를 관철한다. 이것은 농촌 공동체에 나타난 집단 지도체제의 모델이 되었고 나중에 로주老中* 제도로 발전한다.

도쿠가와 막부의 모든 직책은 후다이 다이묘譜代大名**나 지키산直參***들이 차지하게 돼, 도자마 다이묘外樣大名

****들은 막부 운영에 참가할 방법이 없었다. 그러나 도자마 다이묘는 후다이 다이묘나 지키산보다 급여를 훨씬 많이 받았다. 즉 권력을 가진 자에게는 급여를 적게 주고 급여가 많은 자에게는 권력을 주지 않는다는 분명한 원칙을 가지고 있었던 것이다.

도쿠가와는 인색하다는 말이 있는데 이것은 그가 상인의 검소한 생활을 본받으려 했기 때문이다. 그 점에 대해서 도쿠가와는 이렇게 말했다.

"나는 인색한 사람이 아니다. 검소한 생활을 했을 뿐이다."

인색한 것과 검소한 것은 어떻게 다를까? 인색한 사람은 절약하여 모은 돈을 자신을 위해서만 사용한다. 그러나 검소한 사람은 다른 사람을 위해 사용한다. 도쿠가와는 자

---

*　　에도 막부에서 쇼군에 직속하여 정무를 총괄하고 다이묘를 감독하던 직책. 정원은 4~5명. 가쿠로閣老라고도 한다.

**　　다이묘는 넓은 영지를 소유한 무사를 가리키는데 특히 에도 시대에는 봉록이 1만 석 이상인 무가武家를 가리켰다. 후다이 다이묘는 세습 다이묘.

***　주군을 직접 섬기는 신하. 특히 에도 막부 직속으로 1만 석 이하의 봉록을 받는 무사. 하타모토, 고케닌 따위.

****　에도 시대에 세키가하라 전투 후 도쿠가와를 섬긴 다이묘.

신이 후자에 속한다고 표현한 것이다.

한편, 계산 능력은 재정의 틀을 확실하게 정해두는 것이고, 재능은 검소한 생활과 정확한 계산에 의해 모은 돈을 사회를 위해 효과적으로 사용하는 것이다. 도쿠가와는 그렇게 모은 돈을 일본의 국토 개발에 사용했다.

닛코의 도쇼구東照宮에 가면 안쪽에 도쿠가와 사당이 있다. 도쇼구는 전체적으로 조각이 많은 건축물이지만 이 사당에는 특히 상상 속에 존재하는 동물인 맥貘 조각이 1백여 마리나 된다. 맥이 단순히 꿈을 먹는 동물이라고 생각하고 있던 내게, 그곳 관리인은 맥이 정말로 좋아하는 것이 쇠붙이라고 가르쳐주었다. 쇠붙이 중에도 무기라는 것이었다. 즉, 도쿠가와는 죽은 뒤에도 '평화'를 사랑하고 있다는 의미였다. 이 점도 간과해서는 안 된다.

도요토미 히데요시豊臣秀吉가 조선을 침략했을 때, 도쿠가와는 병사를 한 명도 출정시키지 않았다.

"새로 내려주신 간토關東 지방을 다스리기 어렵기 때문에 그럴 여유가 없습니다."

그것이 이유였다. 그러나 그는 이 침략전쟁에 처음부터

반대했다. 그렇기 때문에 히데요시가 사망한 후에 도쿠가와가 가장 먼저 한 일은 조선에 나가 있는 일본 병사들을 모두 철수시키는 것이었다. 여기에 호감을 느낀 조선은, 사실은 국교를 단절하고 관계를 끊었어야 할 일본과 교류를 다시 회복했다. 이처럼 도쿠가와는 '평화'를 사랑한 인물이다.

도쿠가와가 가지고 있던 다면성 중에서 시대에 적응했던 면을 돌이켜보면 지금까지 간과해온 점, 우리가 배워야 할 점이 많다는 사실을 알게 된다. 이 책은 바로 그런 각도에서 쓴 새로운 도쿠가와론이다.

특히 그가 조직을 영구적으로 유지하기 위해 구사한 '비정함'에 역점을 두었다.

모든 사람에게 좋은 인상을 심어주려는 리더가 많은 오늘날, 끊어야 할 부분은 단호하게 잘라낸 도쿠가와의 얼음 같은 냉정함은 새로운 각도에서 받아들일 필요가 있다.

1993년 정월
도몬 후유지

차례

4   주제를 바꾸면 되살아나는 도쿠가와 이에야스
        머리말

1장   도쿠가와의 인간학과 경영철학
조직을 260년 동안 안정적으로 유지한 노하우

17   신뢰를 CI로 삼은 개인과 조직의 경영 방법
        기업 유지에 꼭 필요한 전략과 리더십

천하의 지배자 세 사람의 역할 / '신뢰'가 도쿠가와의 CI / 머리와 몸을 분리시킨 '분단 전략'/ 꽃은 주어도 열매는 주지 않는다 / 무공 세우기보다 주군에게 진언하기가 더 어렵다 / 히데요시가 빼돌리려 한 도쿠가와의 '보물' / 이심전심인 주군과 부하

37   충신인 수구파? 무공이 없는 개혁파?
        왕도王都 건설에서 옛 동료까지 배제한 도쿠가와의 인재 등용

시류를 간파하는 눈이 없었던 오쿠보 히코자에몬 / 물투성이 땅 에도를 왕도로 생각했다 / 덕을 잃은 왕은 한낱 필부에 지나지 않는다 / 옛것의 과시는 새로운 것에 대한 반역 / 민심의 요구를 따른다 / 왕도 건설을 뒤로 미룬 속뜻 / 왕도 건설 이전에 낡은 인간의 처리부터

60   여론이야말로 도쿠가와 최대의 무기
        패배에서 배운 지혜와 사람의 마음을 장악하는 방법

손자병법에서 싸움의 법칙을 배운 소년 / 노부나가의 뜻을 물려받은 '평화선언'/ 여론을 자기 것으로 만든다 / 세키가하라 전투는 본처파와 첩파의 격돌 / 도쿠가와의 무기는 동시대인들의 여론 / 일본의 최고경영자들은 왜 도쿠가와를 선호하는가 / 남에게 고통을 강요하지 않은 도쿠가와 / 인질은 인질다워야 동정을 얻는다 / 흉내나 내는 새는 무장이 키울 애완동물이 아니다 / 손님 앞에서 일부러 소변을 본 대담한 소년

2장 운과 어떻게 맞서야 하는가
때로는 기다리고 때로는 낚아채는 운에 대한 도쿠가와의 사고방식

91 권력자의 심리를 어떻게 읽어야 하는가
　　　알려지지 않은 도쿠가와와 노부나가의 갈등

무거운 짐 같은 노부나가의 집요함 / 노부나가에 대한 다섯 가지 배신 행위 / 노부나가는 용감한 무장이기는 해도 좋은 무장은 아니다 / 노부나가와 도쿠가와와의 암투 / 동쪽을 둘러싼 침묵의 양해

105 때로는 하늘에 운을 맡긴다
　　　도쿠가와 인생철학의 비밀

'가미가타 연예 관광'에 감추어진 진정한 목적 / 노부나가의 보복 / 돌이킬 수 없는 실수 / 도쿠가와는 위선자? / 처자식의 살해는 보복의 절정 / 이가에서 운명을 시험하다

3장 사람을 알아야 사람을 부릴 수 있다
도쿠가와가 사람의 심리에 정통하게 된 이유

129 교묘한 파벌 만들기
　　　원교근공遠交近攻의 인간관리 방법

효과가 없었던 히데요시의 파벌 만들기 / 자신을 싸구려 취급 하지 않은 남자 / 충성심을 비싼 값에 얻은 히데요시, 싼 값에 얻은 도쿠가와 / 선택과 억제의 명인

141   무학무필을 가장한 지자知者
         우수한 두뇌를 자유자재로 다룬 '너구리 영감'의 참모습

시 따위는 아무런 도움이 되지 않는다 / 모략의 출발점은 실학 중심주의 / 전국시대 하극상의 이념인 '방벌론' / 무사의, 무사에 의한, 무사를 위한 정권 수립 / 천황은 주권자인가 아닌가

153   조심성이야말로 장수의 비결
         도쿠가와에게 배우는 최고경영자의 건강 관리법

천하의 패권자 세 명의 건강 관리법 / 내 몸은 내가 치료한다 / 제철 음식이 아니면 섭취하지 않는 조심성 / 튀긴 도미에 발목을 잡히다

164   장사까지 한 축재 능력
         전쟁이나 공사를 이익 증대 기회로 삼은 도쿠가와의 경영 감각

도쿠가와의 뜻밖의 얼굴, 매점매석 / 종이 한 장도 아낀다 / 전쟁은 이익을 늘리는 기회? / 원칙적인 경제관과는 다른 실리적인 구두쇠 정신

175   도쿠가와에게 친구는 있었을까?
         필요한 것은 부하뿐, 우정을 믿지 않았던 도쿠가와 인생철학의 원류

노부나가, 히데요시와의 미묘한 관계 / 물은 배를 띄워주지만 뒤집기도 한다 / 충성심은 믿었지만 사랑은 주지 않았다 / 히데요시에 대한 경멸감 / 어떻게 고독을 견뎌낼 것인가

187   도쿠가와는 정략결혼의 희생자였다
         결혼을 통해 살펴보는 도쿠가와의 여성관

본처는 더 이상 얻지 않는다 / 첫 아내는 보기 드문 악처 / 아내의 며느리 구박이 비극의 발단 / 도쿠가와가 바란 것은 모성애

199 　도쿠가와의 독특한 신앙심
　　　　종교의 본질을 소중히 여긴 도쿠가와

아미타불에 대한 집착 / 도쿠가와가 이상으로 제시한 종교인의 조건 / 좌우명으로 삼은 '염리예토 흔구정토'

4장　후계자 선택이 경영자의 능력을 결정한다
도쿠가와 막부의 기초를 확고히 다진 도쿠가와 이에야스의 탁월한 선택

211 　태평성세의 지도자로 어울리는 인물은 누구인가
　　　　새로운 시대를 예견한 도쿠가와의 후계자 선택 기준

히데타다는 상속인이 아니었다 / 분산된 사천왕의 의견 / 아버지를 고발한 아들 / 태평성세에 맞는 참모의 조건 / 부처 같은 참모, 악귀 같은 참모 / 가장 뛰어난 후계자를 잃다 / 후계자 후보에 대한 도쿠가와의 인물평 / 문신과 무신의 엇갈리는 의견

243 　2대 쇼군 도쿠가와 히데타다의 리더십
　　　　도쿠가와 이에야스의 기대에 부응한 후계자

도쿠가와의 은퇴 전략 / 독자성을 발휘한 히데타다 / 부하를 부리려 해서는 안 된다 / 아버지는 너구리, 아들은 오소리 / 히데타다의 덕은 도쿠가와보다 한 수 위였다 / 패권자에서 왕이 되기 위한 노력 / 히데타다의 방패가 된 아버지의 유산 / 잘못을 고치면 이미 다른 사람이다 / 유배당한 적에게 베푼 온정 / 싸움에 패한 명장을 고향의 다이묘로 보내다

273 　현대적으로 재해석한 도쿠가와 이에야스의 경영철학
　　　　옮긴이의 말

1장
도쿠가와의 인간학과 경영철학

조직을 260년 동안 안정적으로 유지한 노하우

신뢰를 CI로 삼은 개인과 조직의 경영 방법

기업 유지에 꼭 필요한 전략과 리더십

천하의 지배자 세 사람의 역할

오다 노부나가織田信長, 도요토미 히데요시, 도쿠가와 이에야스는 각각 '천하의 지배자'로 불린다. 그러나 현재의 기업 경영과 비교해보면 그 세 사람 사이에는 사업의 연속성과 계속성이 존재한다. 우선 노부나가는 그때까지 존재했던 중세 이후의 낡은 가치관을 타파하고, 파괴에 필요한 전략과 리더십을 선택했다. 히데요시는 새로운 가치사회 건설을 담당, 나름의 전략과 리더십을 발휘했다. 그런 점에서 보면 도쿠가와는 두 선배가 한 일을 완성시켜 그것을 오랫동안 유지하고 관리한 인물이라고 말할 수 있다.

세 사람은 두견새를 소재로 하이쿠*를 읊었다. 노부나가는 "울지 않는 두견새는 죽여야 한다"고 읊었고, 히데요시는 "울지 않는 두견새는 울게 해야 한다"고, 도쿠가와는 "울지 않는 두견새는 울 때까지 기다려야 한다"고 읊었다.

이 단시들은 그들 각자의 인간성과 성격을 잘 표현해주고 있다. 즉, 노부나가는 성격이 급하고 히데요시는 자신감에 넘치며 도쿠가와는 인내심이 강하다고 말할 수 있다. 그런 면도 분명히 있을 것이다. 그러나 그것이 전부는 아니다.

그들이 천하를 얻은 가장 큰 이유는 같은 시대를 살던 일본인들의 요구를 재빨리 파악하여 선견지명으로 전략을 세우고 실현했기 때문이다. 그들에게 아무리 뛰어난 능력이 있다고 해도 역시 같은 시대를 사는 사람들의 지지가 없었다면 절대로 천하를 지배할 수 없었을 것이다. 그런 점에서 볼 때, 그들은 매우 뛰어난 전략을 썼다고 말할 수 있다.

---

* 俳句. 5·7·5의 3구 17음으로 된 일본 특유의 단시.

그리고 그런 전략은, 그들이 첨예하고도 유연한 감각을 가지고 있었으며 확실한 정보 네트워크를 가동했다는 사실을 말해주고 있다.

'신뢰'가 도쿠가와의 CI

도쿠가와가 평생 동안 지키려 애쓴 것은 '신뢰'였다. 이를 현대적으로 말한다면 신뢰를 기업의 CI(이미지 통합전략)로 삼았다. 이것은 젊은 시절부터 긴 세월에 걸쳐 축적된 가치관으로, 상황 변화에 대응하여 갑작스럽게 나타난 것이 아니다.

어린 시절 오다 가家와 이마가와 가에서 인질 생활을 했던 그는 강한 인내력을 갖추게 되었고, 불우한 상황에 빠져 있을 때 따뜻하게 대해주는 사람이 얼마나 고마운 존재인지 알게 되었다. 그 덕인지 어린 시절부터 사람 보는 눈이 정확했다.

10년 남짓 그를 인질로 삼았던 이마가와 요시모토가 교토로 떠나게 되었을 때, 도쿠가와 이에야스(그 당시 이름은 마쓰다이라 모토야스松平元康)가 군대의 선두에 서게 되었는데 그 책임을 잘 완수했다. 그는 용감하게 싸워 노부나가의 성을 몇 개나 함락했다. 그러나 노부나가 쪽이 우세했기 때문에 요시모토는 노부나가의 손에 목숨을 잃게 된다.

이때 도쿠가와는 이마가와 가를 나와 고향인 오카자키 성으로 돌아갈 수 있었지만 그렇게 하지 않았다. 그 시절 오카자키 성에는 이마가와 휘하의 부장이 성주로서 머물러 있었기 때문이다.

그는 오카자키의 다이주지大樹寺라는 절에 진영을 치고 성으로는 들어가지 않았다. 부하들이 성으로 들어가자고 열심히 권했지만 고개를 저을 뿐이었다. 이마가와 가의 부장이 물러난 이후에야 비로소 성으로 들어갔다. 하지만 그것으로 이마가와 가를 버린 것은 아니다. 그는 요시모토의 아들 우지자네에게, 원수를 갚기 위해 노부나가를 공격하자고 몇 번이나 권했다. 그러나 우지자네에게는 그럴 마음이 전혀 없었다.

그러자 이번에는 오랜 세월 이마가와 가에 빼앗겼던 땅

도쿠가와 이에야스의 영정(도쿠가와 쓰네다카 소장)

도쿠가와 이에야스德川家康, 1542～1616

"듣는 것은 천하의 귀, 보는 것은 천하의 눈, 도리는 천하의 마음.
이 세 가지를 바탕으로 올바른 도리를 행하는 것이 선정善政이니
이것이야말로 태평성세의 근본이다."

을 되찾기 위해 노부나가와 동맹을 맺었다. 우지자네에게 원수를 갚을 마음이 전혀 없다는 사실을 확인하고 자신의 영토인 미카와 국(三河國, 현재의 아이치 현)을 지키기 위해 선택한 동맹이었다. 그리고 이 동맹은 노부나가가 죽을 때까지 계속된다. 아무리 어려운 상황에 처해도 결코 동맹을 깨는 일은 없었다. 그 때문에 도쿠가와는 의리 있는 인물이란 평을 받게 됐다.

그는 '너구리 영감'으로 불리고 있지만 너구리 같은 모략을 사용한 적은 거의 없었다. 히데요시를 물리친 오사카 전투에서 너구리 같은 계략을 사용하기는 했다. 그러나 그것은 그의 부하인 혼다 마사노부, 혼다 마사즈미 부자가 꾸민 계략이었다. 물론 책임자로서 도쿠가와 자신도 동의했기 때문에 자신은 모르는 일이라는 식의 비겁한 말은 하지 않았다.

어쨌든 너구리 영감이라는 평을 받으면서도 그는 태연했다. 말년에 이를 때까지 도쿠가와는 믿을 수 있고 의리 있는 인물이라는 평판을 받았다.

머리와 몸을 분리시킨 '분단 전략'

이것이 현대에 맞춰본 도쿠가와의 CI였다. 즉, 도쿠가와 주식회사의 CI는 어디까지나 '신뢰'였고 그는 신뢰를 유지하는 전략을 구사한 것이다.

그의 전략을 정리하면 다음과 같다.

— '도쿠가와 이에야스는 믿을 수 있는 사람'이라는 평판을 도쿠가와 자신뿐 아니라 부하 전원이 책임지고 유지한다.

— 도쿠가와 가가 어떤 위기에 빠지더라도 신뢰를 잃는 일만큼은 절대로 하지 않는다.

— 그렇게 하기 위해 가신들은 다른 다이묘 가문에서 얕볼 수 없게 강한 결속력을 유지한다. 즉, 가신들은 강한 신뢰감으로 자신들만의 영역을 구축한다.

그러나 노부나가가 파멸한 이후, 히데요시가 맡았던 건설기는 비교적 리더십을 발휘하기 쉬운 시기였다. 노부나가는 덤프트럭 같은 관리를 했는데 그 리더십으로는 '공포'를 사용했다. 히데요시는 현장의 윤리나 도덕에 중점을 두고 부하들을 격려하는 리더십을 발휘했다. 그러다가 유지와 관리를 위한 시기로 접어들자 전략이나 리더십을 선택하기가 어려워졌다. 전체적으로 강력한 무엇인가가 존재하지 않는 상태로 안정을 찾게 되면 윤리감은 정체되기 쉽기 때문에, 그것을 계속 고양하기 위해서는 어떤 장치, 특히 정신적인 장치가 필요하다. 도쿠가와는 어떤 방법을 택했을까?

도쿠가와의 전략을 한마디로 표현하면 '분단 정책'이다.

우선 경영체제에서 머리와 몸을 분리했다. 구체적으로 말하면 도쿠가와는 쇼군이 된 지 2년 만에 자신의 직위를 아들 히데타다에게 물려주었다. 그러나 권한을 전부 물려준 것은 아니다. 도쿠가와는 회장이 되어 슨푸 성으로 물러나 이곳에서 다양한 두뇌들을 등용한다. 심복, 학자, 승려, 외국인*, 상인, 특별기능 보유자 등이다. 그리고 이들에게 새로운 사회체제를 유지하는 지혜를 짜내라고 지시해서 나온 결과를 이번에는 '정책'으로 에도 성에 있는 새로운 쇼

---

*　당시 일본의 성들은 각기 독립한 국가나 마찬가지였다.

군 히데타다에게 보낸다. 히데타다는 슨푸 성에서 나온 지혜를 실행한다. 말하자면 정책을 실행하는 기관이다. 사람의 몸에 비유한다면, 머리 부분을 슨푸에 두고 몸과 손발에 해당하는 부분을 에도에 둔 것이다. 양쪽의 연락은 혼다 마사노부, 혼다 마사즈미 부자가 맡았고 실행 기관인 에도에서는 정책을 내놓을 수 없었다.

도쿠가와가 사망한 후 히데타다도 이 방법을 답습하여 아들 이에미쓰에게 간섭을 많이 했다. 히데타다가 사망한 이후에야 이런 이원 경영체제가 사라져, 요즘으로 치면 회장이 가지고 있던 결정권이 사장에게 넘어갔다. 회장은 사장실에 걸려 있는 액자 안의 사진으로만 존재하게 된 것이다.

꽃은 주어도 열매는 주지 않는다

도쿠가와의 분단 경영은 다이묘를 통제하고 관리하는 데도 유감없이 발휘되었다. 그는 다이묘들을 상대할 때 꽃과 열매를 동시에 주는 일은 절대로 하지 않았다. 꽃은 권력이고

열매는 수입이다. 권력을 가진 다이묘에게는 급여를 적게 주었고 그와 반대로 급여를 많이 받는 자에게는 요직을 주지 않았다.

꽃, 즉 권력을 가진 그룹은 '후다이 다이묘'라고 불렸고 열매, 즉 많은 급여를 받는 그룹은 '도자마 다이묘'라고 불렸다. 후다이 다이묘는 도쿠가와 가가 미카와 국 마쓰다이라에 있을 때부터 충성을 다한 부하가 대부분이고, 도자마 다이묘는 과거에는 노부나가나 히데요시를 받들고 있다가 정세 변화에 따라 도쿠가와의 가신이 된 다이묘들이다.

즉, 도쿠가와의 방침은 상황이 변해 자신에게 충성을 맹세하게 된 다이묘는 절대로 요직에 앉히지 않는다는 것이니까 매우 엄한 정책이라고 말할 수 있다. 이것은 도쿠가와가 어린 시절부터 인질로 생활한 탓에 사람을 믿지 못하게 됐다는 데서 그 뿌리를 찾아볼 수 있다.

또 하나의 분단 전략은 토지에 농민들을 귀속시킴으로써 다이묘와 그 가신들을 분리한 것이다. 즉, 다이묘의 인사이동이 있을 때, 가신들은 다이묘를 따라 새로운 임지로 가지만 농민은 그대로 그곳에서 살며 새로운 지배자가 된 다이묘를 섬기게 했다. 이것도 다이묘와 그 부하 무사, 또는 농민들이 하나가 되어 도쿠가와 막부에 반란을 일으키는 일을 예방하는 정책이었다고 말할 수 있다.

무공 세우기보다 주군에게 진언하기가 더 어렵다

도쿠가와의 이런 전략과 방침은 그가 남긴 말이나 행동에도 잘 나타나 있다. 예를 들면 그는 이런 말을 자주 했다.

"물은 배를 띄워주지만 다른 한편으로는 배를 뒤집기도 한다."

배는 자신 또는 주군을, 물은 부하를 가리키는 말이다. 그러니까 물의 뜻이나 움직임에 따라 배가 순조롭게 나아갈 수도 있고 반대로 뒤집힐 수도 있다는 의미다. 그만큼 부하를 믿지 않았다고 말할 수 있다. 아니, 더 넓은 의미에서는 부하만이 아니라 모든 인간을 대상으로 한 말인지도 모른다.

이런 말도 했다.

"무공을 세우는 일보다 더 어려운 것이 주군에게 진언하는 일이다."

전쟁터에서 선두에 서서 적진을 공격해 무공을 세우는 일은 비교적 간단하다. 그러나 주군에게 진언을 하다 보면 아무래도 두 사람 사이가 서먹해질 수 있다. 그 이유에 대해 도쿠가와는 다음과 같이 설명했다.

"주군에게 진언하기가 어려운 이유는 진언한 쪽이 그 내용에 신경을 쓰기 때문이다. 너무 지나친 말은 아니었는지, 또는 주군이 자기를 미워하게 된 것은 아닌지 등 불안감을 느끼게 된다. 그리고 이런 불안감은 태도에 나타나고 주군 쪽도 부하의 그런 심리를 깨닫게 되어, 부하가 충성심에서 진언을 한 것이 아니라 출세를 노렸다는 식의 오해를 하게 된다. 결국 진언을 한 쪽은 차츰 출근을 기피하게 되고 주군은 그런 부하에게 실망하여 좌천시킨다. 따라서 진언은 매우 어려운 일이다."

사람을 보는 날카로운 통찰력이 드러난 말이다. 이런 일은 현대사회에서도 흔하다. 최고경영자가 아무리 자신의 단점을 지적해달라고 말해도 어디까지 말해야 할지, 어떻게 말해야 상사의 눈 밖에 나지 않을지 잘 생각하고 판단할 필요가 있는데, 도쿠가와는 바로 이 점을 지적한 것이다.

도쿠가와는 마지막까지 '신뢰'를 CI로 삼았다. 그런 경영 방침을 유지할 수 있었던 이유는, 이런 식으로 각 직장과 직장의 리더에게 긴장감을 심어주는 치밀한 전략과 조직관리법을 전개했기 때문이다.

히데요시가 빼돌리려 한 도쿠가와의 '보물'

천하를 지배하게 된 히데요시는 보물 수집을 좋아했고 틈만 나면 자신이 지니고 있는 보물을 부하인 다이묘들에게 자랑했다.

언젠가 도쿠가와에게 자신의 보물을 자랑삼아 보여준 뒤에 히데요시가 물었다.

"도쿠가와 님이 가장 소중히 여기는 보물에는 어떤 것이 있습니까?"

그러자 도쿠가와는 이렇게 대답했다.

"보물로 삼을 특별한 물건은 없습니다. 제가 가지고 있는 보물은 부하들입니다."

"아, 그렇습니까?"

히데요시는 고개를 끄덕였지만 마음속으로는 불쾌하지 않을 수 없었다.

'이 너구리 영감, 골탕 좀 먹여야겠군.'

히데요시는 얼마 지나지 않아 '도쿠가와 사천왕四天王'으로 불리던 도쿠가와의 부하들을 빼돌리는 계략을 꾸몄다. 마침 후시미 성을 함락했을 때였기 때문에 승전을 축하한다는 명목으로 사천왕이라고 불리고 있던 이이 나오마사, 사카이 다다쓰구, 사카키바라 야스마사, 혼다 다다카쓰, 그리고 히라이와 지카요시를 한 명씩 불렀다.

"자네에게 관직과 포상금을 내리겠네."

히데요시는 그런 식으로 다섯 명의 무사에게 관직과 포상금 1백 냥씩을 내려주었다. 그런데 그들의 대응은 각각 달랐다.

나오마사, 다다쓰구, 다다카쓰 세 명은 히데요시에게서 관직과 포상금을 받고도 도쿠가와에게 보고하지 않았다.

야스마사만 이렇게 말했다.

"주군이신 도쿠가와 님께 여쭈어본 뒤에 결정하겠습니다."

그리고 도쿠가와를 찾아가 그 일을 의논했다.

"히데요시 님이 자네의 공로를 치하하신다는데 거절할 수는 없는 일 아닌가. 받도록 하게."

도쿠가와가 흔쾌히 승낙하자 야스마사는 다시 히데요시를 찾아갔다.

"주군께서 허락하셨으니 감사히 받겠습니다."

그런데 지카요시는 처음부터 거절했다.

"저의 주군은 도쿠가와 님이십니다. 저는 주군이 한 분이라고 생각하기 때문에 히데요시 님께서 내려주시는 관직이나 포상금은 받을 수 없습니다. 죄송하지만 거절하겠습니다."

그 말에 히데요시는 미소를 지으며 고개를 끄덕였다.

"그래? 자네는 충성심이 꽤 깊은 사람이군."

그렇지만 마음속으로는 이렇게 비웃었다.

'도쿠가와는 부하들이 보물이라고 말했는데 그중에는 쓸모없는 녀석이 더 많아. 이번에 내가 다섯 명의 무사에게 관직과 포상금을 내려주었는데 나오마사, 다다쓰구, 다다카쓰 세 사람은 두말없이 받았어. 야스마사는 일단 도쿠가와에게 물어본 뒤에 받았고. 처음부터 거절한 사람은 지카요시뿐이야. 상식적으로 생각하면 도쿠가와가 보물이라고 주장할 수 있는 부하는 지카요시밖에 없지 않은가. 내게서 관직과 포상금을 받고도 도쿠가와에게 보고하지 않은 나오마사, 다다쓰구, 다다카쓰 세 사람을 과연 보물이라고 말할 수 있을까?'

히데요시는 그 생각을 가까운 다이묘에게 이야기했다.

그런데 그 다이묘는 마침 도쿠가와와도 친한 사이였기 때문에 즉시 도쿠가와를 찾아가 그 이야기를 전했다.

"도쿠가와 님은 나오마사, 다다쓰구, 다다카쓰가 히데요시 님에게서 관직과 포상금을 받은 것을 어떻게 생각하십니까?"

다이묘는 슬쩍 도쿠가와의 의견을 떠보았다.

그러나 도쿠가와는 처음부터 끝까지 미소 띤 표정으로 고개를 끄덕이며 다이묘의 말을 듣고 있을 뿐이었다.

"이 일을 알고 계셨습니까?"

다이묘가 물었다.

"알고 있었소."

도쿠가와는 여전히 미소를 잃지 않고 대답했다.

다이묘는 이해할 수 없었다. 사실은 모르고 있었지만 자존심이 상하는 문제라서 알고 있는 척하는 것은 아닐까 하는 눈으로 도쿠가와를 바라보았다. 그러나 도쿠가와는 여전히 미소를 지을 뿐 더 이상 아무 말도 하지 않았다. 도쿠가와는 다른 생각을 하고 있었다. 함부로 말을 하면 이 다이묘가 다시 히데요시를 찾아가 입을 놀릴 것이 뻔했기 때문이다.

이심전심인 주군과 부하

사천왕 중 세 명이 히데요시로부터 관직과 포상금을 받았다는 이야기는 도쿠가와 가 내부에도 소문이 나서 문제가 되었다. 걱정이 된 중역 한 명이 도쿠가와를 찾아왔다.

"사천왕 중에서 세 명이나 히데요시 님에게 관직과 포

상금을 받았다는데 그대로 두어도 괜찮겠습니까?"

"내버려둘 수밖에."

도쿠가와는 이렇게 설명했다.

"사천왕은 각각 나를 받들면서 지원해주는 거목일세. 그 나무들은 종류가 다 달라. 말하자면 네 사람이 각각 다른 생각을 가지고 있다는 뜻이야. 나름의 생각과 방식으로 내게 충성을 다하는 거지. 나오마사, 다다쓰구, 다다카쓰가 히데요시 님에게서 관직과 포상금을 받고도 내게 아무 말 하지 않은 이유는 그렇게 하는 것이 나를 위하는 행동이라고 생각했기 때문이야. 아마 그들은 나오마사를 중심으로 심각하게 의논을 했겠지. 지카요시처럼 자기 주군은 바로 나, 도쿠가와니까 다른 사람에게서 포상금 따위를 받을 수 없다고 말하는 것은 쉬운 일이야. 또 지카요시이기 때문에 가능한 일이지. 만약 사천왕이 모두 그런 태도를 보였다면 기분이 나빠진 히데요시 님은 또 다른 보복을 생각했을 거야. 사실 히데요시 님이 사천왕에게 포상금을 내린 이유는 나와 사천왕을 이간하려는 생각에서야. 나오마사 등 세 명은 그 점을 간파했지. 그렇기 때문에 히데요시의 계략에 말려

들지 않은 거야. 그들은 태연히 관직과 포상금을 받았어. 하지만 내게는 보고하지 않았지. 그까짓 관직과 포상금 몇 푼 받았다고 나에 대한 충성심이 흔들리지는 않는다는 확신이 있었기 때문일 거야. 생각해보게. 우리 가문에서 다이묘의 관직을 받은 무사가 많이 나오면 그만큼 내 권위가 더 올라가게 되지 않는가. 오히려 다른 다이묘들이 부러워할걸. 그러니까 걱정할 필요 없네."

이 설명을 들은 중역은 즉시 사천왕과 지카요시를 찾아가 도쿠가와의 말을 전했다. 사천왕은 서로 얼굴을 마주보았고 지카요시는 몸을 떨며 눈물을 흘렸다. 모두 감동한 표정이었다.

사천왕 중에서 큰형님 격인 나오마사가 말했다.

"역시 주군께서는 우리를 정확하게 보고 계셔. 사실 나도 히데요시 님에게 관직과 포상금을 받았다는 사실을 주군께 보고해야 할지 말아야 할지 망설이고 있었는데 그 말씀을 듣고 보니 안심이 되는군. 우리 주군은 도쿠가와 님이지 히데요시 님이 아냐. 앞으로도 주군께 더욱 충성을 다하세."

나오마사의 말에 다른 네 명도 힘차게 고개를 끄덕였다.

얼마 후 이 이야기가 히데요시의 귀에 들어갔고 히데요시는 쓴웃음을 지었다. 어느 날, 도쿠가와를 만난 히데요시는 이렇게 말했다.

"도쿠가와 님. 당신은 정말 좋은 부하를 두었습니다. 실로 그 무엇과도 바꿀 수 없는 보물을 가지고 있으니 정말 부럽습니다."

"황송합니다."

도쿠가와는 겸손하게 고개를 숙였을 뿐이다.

충신인 수구파? 무공이 없는 개혁파?

왕도王道 건설에서 옛 동료까지 배제한 도쿠가와의 인재 등용

시류를 간파하는 눈이 없었던 오쿠보 히코자에몬

"내 아들아, 잘 들어라……."

문장이 바뀔 때마다 이런 식으로 시작되는 참신한 감각의 자서전 『미카와모노가타리三河物語』에서 오쿠보 히코자에몬은 그 당시 상황에서 봉록을 받을 수 있는 사람과 그렇지 못한 사람의 특색 5가지를 제시했다.

우선, 봉록을 받을 수 있는 사람(단순히 급여를 받는다는 의미보다는 입신 출세라는 의미가 강하다)이다.

① 주군에게 칼을 겨누고 배신한 자

② 비겁한 짓을 해서 다른 사람의 웃음거리가 된 자

③ 임기응변이 뛰어나고 아부를 잘하는 자

④ 계산이 빠르고 관료에 잘 어울리는 풍채를 가진 자

⑤ 지조가 없는 외국인

다음은 봉록을 받을 수 없는 자다.

① 옛 주군에게 끝까지 충성을 다하는 자

② 무사

③ 아부를 할 줄 모르는 자

④ 계산에 밝지 않은 노인

⑤ 지조 있는 자

『미카와모노가타리』는 겐나(元和, 1615~1624) 8년(1622) 쯤에 초고가 끝나 간에이(寬永, 1624~1644) 시대에 완성되었다. 이때 도쿠가와 막부는 3대 쇼군인 이에미쓰 치하에서 새로운 문신 관료들이 권력을 장악하고 있었다. 즉, 무공을 가장 우선적인 공로로 생각하고 있던 오쿠보로서는 답답한 마음으로 살던 시기다. 그것은 오쿠보 혼자만이 아닌, 8만여 명에 이르는 하타모토旗本*들의 공통된 심사였다. 오쿠보는 결코 서민 감정의 대변자가 아니라 불평불만에 가득 차 있던 하타모토들의 대변자였다.

『미카와모노가타리』는 도쿠가와가 주축이 되어 있던 시대의 기록을 겸하고 있지만, 도쿠가와가 영지를 미카와에서 간토 지역으로 바꾼 점과 그의 에도 경영에 대해서는 거의 언급되어 있지 않다. 다만 히데요시가 "도쿠가와 님은 영지를 간토로 바꾸는 것이 좋을 듯합니다. 싫다면 어쩔 수 없는 일이지만" 하고 말하자, "그렇게 하겠습니다" 하고 대답하고 미카와, 도토미, 스루가, 오미, 시나노 등 5개국을 버리고 이즈, 사가미, 무사시, 고즈케, 시모후사, 가즈사 등 6개국으로 바꾸었다는 내용만 씌어 있다.

아직 간토와 도호쿠東北 지역이 안정되지 않은 시기이기 때문에 어차피 자신의 영지가 다른 나라로 바뀔지도 모른다고 생각했던 것은 아닐까. 오쿠보는, 적어도 도쿠가와가

---

*   에도 시대에 쇼군 가문 직속 무사로서 직접 쇼군을 만날 자격이 있는, 봉록이 1만 석 미만, 5백 석 이상인 자. 원래는 대장이 있는 본진의 무사를 가리키는 말.

에도 경영에 그렇게 심혈을 기울이리라고는 생각지 않았다. 이것이 시류를 보는 눈이 부족했던 오쿠보의 단점이었고, 바로 그런 단점이 자신을 쓸모 없는 인간들 틈으로 몰아넣는 최대의 원인이 되었다. 오쿠보는 에도 경영에 대한 도쿠가와의 의욕을 간과했던 것이다.

물투성이 땅 에도를 왕도로 생각했다

도쿠가와가 당도했을 당시의 에도는 바다와 강과 연못 들이 산재한, 이른바 물투성이 땅이었다. 에도 성은 오다 도칸이 축성했을 당시 그대로의 초가지붕 건물에 다리 대용으로 널빤지가 사용되고 있었다고 한다. 에도 성의 주군인 호조가 쓰러지자 무장 도야마는 즉시 항복했다.

에도 성은 히비야의 후미진 구릉지대 끝 부분에 있었는데 제방은 바닷물에 씻겨나가 보이지 않았다. 바로 동쪽에는 히라 강이 흐르고 배가 지나갈 수 있는 높은 다리가 걸려 있는 강어귀 일대는 시장이 형성되어 매우 번잡스러웠다. 부근에는 지요다, 다카라다, 이와이다, 사쿠라다, 후쿠다 등 이름이 화려한 마을이 몇 개 모여 있었다. 마을 남쪽에는 에도의 마에지마 섬이 반도 모양으로 튀어나와 있었다. 마에지마 동쪽은 에도의 항구였다. 그리고 그 너머에서는 스미다 강의 아사쿠사 항구를 포함하여 꽤 규모가 큰 교역이 이루어지고 있었다. 한마디로 표현하면 에도는 알려지지 않은 간토의 항만 지구였던 것이다(이 내용은 스즈키 마사오의 저서를 참고했다).

도쿠가와가 영지를 간토로 바꾼다는 사실이 발표된 것은 덴쇼(天正, 1573~1592) 18년(1590) 7월 13일이다. 그리고 도쿠가와는 같은 해 8월 1일에 에도로 들어갔다. 그러나 그보다 앞선 6월에 헤이하치로, 헤이에몬 등의 가신을 파견하여 비밀리에 에도를 답사시켰으니, 영지를 간토로 바꿀 생각은 꽤 오래전부터 가지고 있었던 듯하다.

7월 13일에 나이토 기요나리와 아오야마 다다나리 두 사람이 쌀과 된장을 가지고 앞서 출발했다. 두 사람은 에도 막부 초창기의 간토 지역 부교奉行*로서, 도쿠가와가 슨푸로 은퇴한 뒤에도 2대 쇼군인 히데타다를 받들며 에도 경영을 위해 힘을 기울인 에도 시대 부교의 선구자들이다.

도쿠가와는 에도 남쪽에서 육로를 이용하여 이쿠라, 아자부, 아카사카를 거쳐 오후 3시쯤 가이즈카에 도착했고, 조조지增上寺에서 식사를 하고 오후 4시쯤에 성으로 들어갔다고 한다. 약 8천 명의 병사들을 데리고 갔는데 그들을 모두 성안에 수용할 수 없었기 때문에 가미히라 강, 시모히라 강, 히비야, 시바자키 등의 마을에 있는 사원에 주둔지를 마련했다.

오쿠보는 도쿠가와가 에도 성으로 들어갔을 때, 어디에 주둔했고 어떤 감회를 느꼈을까?

덕을 잃은 왕은 한낱 필부에 지나지 않는다

도쿠가와는 물투성이인 에도로 들어가는 것을 주위에서 생각하는 것만큼 싫어하지는 않았다. 그에게는 이미 패권에

* 에도 시대의 직명. 무가 시대에 행정 사무를 담당한 사람.

대한 야망이 있었다. 노부나가가 사망한 이후에 패권은 히데요시에게 이양되었지만 서두를 필요는 없었다. 익은 감은 가만히 내버려두어도 떨어진다. 굳이 막대기를 사용하여 떨어뜨릴 필요는 없다. 떨어져야 할 때가 와도 감이 떨어지지 않고 가지에 매달려 있을 때만 막대기를 사용하면 된다.

도쿠가와는 뜻밖에도 중국의 서적을 즐겨 읽었다. 그것도 『육도六韜』나 『손자孫子』 같은 병법서뿐 아니라 『맹자孟子』도 읽었다. 그가 『맹자』에 이끌린 이유는 이런 내용이 씌어 있었기 때문이다.

"신하가 무력을 이용해서 덕이 없는 왕을 치는 것은 반역 행위가 아니다. 덕을 잃은 왕은 한낱 필부에 지나지 않기 때문이다."

신하가 왕을 공격해도 상관없다는 내용이다. 도쿠가와는 이 내용을 가까운 미래에 실현할 자신의 뜻으로 삼았다. 덕이 없는 노부나가를 아케치 미쓰히데가 쳤다. 그리고 미쓰히데를 히데요시가 쳤다. 모두 자신의 무력을 행사한 것이다.

하지만 도쿠가와는 히데요시에게 무력을 사용할 생각은 없었다. 가까운 시일 안에 히데요시는 자제력을 잃을 테고 내버려두어도 스스로 파멸할 것이다. 다만 파멸을 재촉만 하면 된다. 그래도 가지에서 떨어지지 않는다면 막대기로 가볍게 찌르기만 하면 된다.

도쿠가와는 분명히 일본의 왕위를 노리고 있었다. 교토에 있는 왕은 안중에도 없었다. 사실, 나중에 외국인들은 도쿠가와를 황제라고 불렀고 도쿠가와도 이를 부정하지는 않았다. 도쿠가와는 에도를 새로운 왕이 생활할 주거지로 생각했다.

"나는 단순히 패권을 움켜쥔 자가 될 생각은 없다. 왕이 될 것이다. 따라서 에도는 왕의 도시, 즉 왕도다."

도쿠가와의 마음에는 아무에게도 말할 수 없는 무서운 야망이 깃들어 있었다. 그가 존경한 미나모토노 요리토모[*]조차 그런 생각까지는 하지 못했다. 도쿠가와는 요리토모도 넘어서 있었다.

---

[*] 12세기 일본 최초의 무가 정권인 가마쿠라 막부를 세운 무장.

오쿠보는 그런 도쿠가와의 마음을 상상도 할 수 없었다. 오쿠보의 머릿속에는 미카와 국의 지방 호족 아들로 태어나 강대국의 인질로 생활하며, '인생은 무거운 짐을 지고 걸어가는 것'이라는 식의 날카로운 인생관을 그대로 발산하는 인내력 강한 사람, 도쿠가와의 모습만 있었다.

그는 사력을 다해서 도쿠가와를 받드는 것이 후다이 다이묘인 자신의 임무라고 생각하고 있었다.

미카와의 보잘것없던 호족 아들이 지금은 엄청난 야망을 가지고 이 나라에 군림할 생각을 가지고 있다는 사실을 오쿠보는 전혀 짐작하지 못했다. 도쿠가와의 마음을 전혀 눈치채지 못한 그는 에도로 들어온 이후, 어째서 계산에 밝은 신흥 관료들이 자꾸 등용되는 것인지 그 이유를 이해할 수 없었다.

주군인 도쿠가와가 '에도 경영'의 목적을 어디에 두고 있는지 전혀 깨닫지 못했다는 것은 충심으로 그를 받든다고 자부하던 오쿠보의 태만이었다. 사회적 정세 변화에 따라 최고경영자가 무엇을 요구하는지, 또 그렇게 되었을 때 최고경영자는 부하에게 어떤 능력을 요구하는지, 그 점을 파악하지 못한 오쿠보는 그만큼 충신 자격을 잃고 있었다.

충실한 부하라면 당연히, 주군(최고경영자)이 무엇을 하고 싶어 하는지 깨달아야 하지만 오쿠보는 도쿠가와와 연결되는 그런 회로가 없었다. 그렇기 때문에 오쿠보는 도쿠가와가 드러내놓고 칭찬할 수 있는 부하는 아니었다. 작은 둥지에 틀어박혀 있을 때라면 모르지만, 적어도 도쿠가와가 에도로 들어온 이후에는 오히려 뒤처진 부하의 전형이 되었다.

옛것의 과시는 새로운 것에 대한 반역

물을 다스리는 자는 천하를 다스린다는 말대로, 에도로 들어간 이후 도쿠가와는 물부터 다스리기 시작했다. 에도를 왕도로 만들기 위해 도쿠가와가 전개한 것은 말 그대로 '물과의 싸움'이었다.

그의 정책은, 지금까지 정복한 지역의 유신遺臣들을 너그럽게 포용한 것과 비슷했다. 즉, 물을 적으로 보는 것이 아니라 함께 살아가는 방법을 선택한 것이다. 식수 확보를 최우선으로 생각한 그는 간다 산의 맑은 물과 아카사카의 저수지 등을 정비했고 무질서한 하천은 흐름을 바꾸어 모두 물류를 운반하는 수로로 이용했다. 새로운 수로를 만들어 적절하게 이용하는 등 결코 옛것을 그대로 보존하는 데에만 얽매여 있지는 않았다.

원래 히라 강은 세로로 흘러 히비야의 후미로 들어왔지만 가로로 흘러 에도 항으로 들어오게 했고 간다 산은 무너뜨려 히비야 후미와 에도 항을 메웠다. 반도 모양이던 마에지마 섬은 양쪽에 있던 바다를 잃고 드넓은 매립지에 포함되었다. 동쪽의 갈대밭, 서쪽과 남쪽의 초원, 잡목숲을 포함하여 에도 지역은 물의 나라에서 땅의 나라로 변모했다.

특히 히데요시가 사망하고 그 아들인 히데요리를 살해한 이후 도쿠가와의 에도 경영은 급속도로 질을 높여갔다. 더 이상 거리낄 것은 없었다. 이미 도쿠가와는 왕이었다. 감나무 가지에 매달려 있는 썩은 열매는 하나도 없었다.

도쿠가와는 자신감을 가지고 다이묘들에게 왕도를 만들게 하여 에도 성을 키웠다. 다이묘들은 앞다투어 이 임무에 매달렸다. 피지배자는 자신감에 가득 찬 권력자를 만나면 지배당하는 기쁨을 느끼는 성향이 있다. 다이묘들은 엄청난 재력과 노력을 아낌없이 투자했다. 커다란 배를 이용하여 이즈 반도에서 거대한 돌을 운반해왔고 간토의 산에서 목재를 베어왔다. 도쿠가와는 자금과 자재, 식량이 부족한 다이묘에게는 자신이 가지고 있는 것을 융통해주었다.

도쿠가와는 다이묘들을 적절하게 배치해 어느 틈에 에도 주위에 1백만 석 규모의 직할지를 확보하고 있었다. 직할지가 없는, 즉 경제력이 없는 권력자의 명령이 얼마나 공허한 것인지 도쿠가와는 아시카가 막부(1338~1573)의 예를 보아 잘 알고 있었다. 아시카가 막부의 몰락은 경제력 상실에서 비롯된 것이라고 도쿠가와는 생각하고 있었다.

세키가하라 전투* 이후 오사카 전투에서 오쿠보가 하타모토 계급에 대한 고루한 논쟁을 펼쳤을 때, 도쿠가와는 이미 오쿠보가 쓸모 없는 인물이라고 판단했다.

슬펐다. 도쿠가와에게 하타모토라는 지위 따위는 아무

---

*　1600년, 도쿠가와 이에야스가 전 일본의 실권을 움켜쥐게 된 싸움.

래도 상관없었다. 하지만 오쿠보는 그 지위가 매우 중요했기 때문에 끈질기게 매달렸다. 오쿠보의 고집은 의식적인 것이었다. 도쿠가와가 지향하는 '새것'을 방해하는 '옛것'의 과시였다. 도쿠가와가 보기에는 오쿠보의 그런 경직된 태도야말로 반역이었다.

'말려 죽이는 방법밖에 없어.'

도쿠가와는 그렇게 생각했다. 말려 죽인다는 의미는 오쿠보가 생존할 터전을 없앤다는 것이었다. 간다 산의 흙으로 에도의 바다를 메우는 일과 같았다. 사람의 낡은 정신은 매립해버리는 것이 도쿠가와 왕도 만들기에 이용한 또 하나의 방법이었다.

그 일을 위해 도쿠가와는 그때까지 에도에 살던 주민들을 포용하기는 했지만 등용하지는 않았다. 대신 다른 성의 인물을 등용했다. 에도에 입성하는 도쿠가와를 후추에서 맞이한 지방 호족 야노도, 겉으로는 에도 주민들을 끌어안는 척하면서 다른 성에서 사람들을 들여와 등용하고 에도 원주민들을 차별하는 정책의 대상이 되었다. 도쿠가와는 사람 밑에 사람을 만들기 시작했다. 자신은 이미 왕이라는 생각이 도리에 맞지 않는 그런 일을 태연히 할 수 있게 했다. 에도의 원주민들도 교묘하게 매립된 것이다.

민심의 요구를 따른다

도쿠가와가 덴쇼 18년(1590) 에도에 입성할 때 이미 체계적이고 종합적인 에도 경영책을 가지고 있었던 것은 아니다. 도쿠가와는 뜻밖일 정도로 자신의 행동 기준을 '여론'에 두었다. 즉, 민심을 따랐던 것이다. 정치에 대한 도쿠가와의 태도는 다음과 같았다.

"듣는 것은 천하의 귀, 보는 것은 천하의 눈, 도리는 천하의 마음. 이 세 가지를 바탕으로 시비를 가려 다른 사람의 고통을 이해하고 올바른 도리를 행하는 것이 선정善政이니 이것이야말로 태평성세의 근본이라고 생각해야 한다."

언뜻 현대 사회의 민주주의적 정치가를 연상하기 쉽지만 도쿠가와는 그렇게 부드러운 남자는 아니었다.

그의 마음에는 도쿠가와 가가 영원히 정권을 장악해야

한다는 생각밖에 없었다. 그러나 그렇게 하려면 민심을 따르는 것이 무엇보다 빠른 지름길이라는 사실을 그는 잘 알고 있었다. 간단히 말하면 백성들이 도쿠가와에게 무엇을 바라고 있는지 정확하게 파악해 그 뜻을 확실하게 따르는 것이었다. 더 분명하게 말한다면 백성의 요구를 들어준다는 뜻이다.

전국시대의 개막을 알린 오닌의 난(1467~1477) 이후 백성들은 평화를 바라고 있었다. 겐키(元龜, 1570~1573) 시대, 덴쇼 시대부터는 거기에 사회적 질서와 안정이 추가되었다. 노부나가와 히데요시 때 그런 사회 질서가 일단 자리잡기는 했다. 하지만 평화라는 점에서는 백성들이 보기에 두 사람 모두 불안했다. 두 사람은 분명히 외국 침략을 염두에 두고 있었고 히데요시는 실제로 조선을 침략했다. 도쿠가와는 오닌의 난 이래 아직도 충족되지 않고 있는, 백성들의 평화에 대한 갈망을 강렬하게 의식하고 있었다. 다른 사람들은 잊을지 모르지만 백성들은 잊지 않는다. 그리고 백성들은 지쳤다. 휴식이 필요했다. 도쿠가와는 이런 여론에 따라 자신의 권력욕을 적절하게 조직하기 시작했다.

다른 사람의 아픔을 알게 되면 정책을 세분화할 수 있다. 정책을 세분화한다는 것은 모든 지역의 실태를 알고 그곳에서 생활하는 사람들의 욕망을 파악하는 것이다.

특히 간토 지방에는 멸망한 다케다나 호조 가문의 유신들이 숨어살고 있는 데다 그들이 무슨 계략을 꾸미는지도 알 수 없었다. 도쿠가와의 에도 경영에 대해서는 앞에서 전반적인 내용을 설명했지만 도쿠가와가 이런 경영책을 단숨에 전개했던 것은 아니다. 단계를 밟아 실행했다. 단계적 구분은 그 당시 정세를 보아 판단했는데 특히 민심에 등을 돌리는 정책은 결코 펴지 않았다.

왕도 건설을 뒤로 미룬 속뜻

덴쇼 18년(1590)에 에도로 들어온 이후, 분로쿠(文祿, 1592~1596) 시대와 게이초(慶長, 1596~1615) 시대에 걸쳐 벌어진 '분로쿠·게이초의 역役'* 때문에 조선으로 출병할 때까지는 매우 불안정한 시기였다. 전황에 따라서는 도쿠가와도 조선으로 출병해야 할지 모르는 상황이었다.

도쿠가와는 세키가하라 전투를 전후하여 쇼군을 보좌하면서 히데요리를 공격하는 등 그 이후에도 몇 가지 커다란 사건과 맞닥뜨렸다. 전환점이 되는 사건은 필연적으로 그런 상황을 연출한다. 도쿠가와의 에도 경영은 그런 전환기적 상황에 대응하는 형태로 전개됐다. 적어도 게이초 8년(1603) 2월에 쇼군의 지위에 앉기 전까지는 에도 정비를 최소한으로 했다. 또 가신 등용에도 군사적인 배려가 깊이 작용했다. 전쟁 기미는 아직 사라지지 않은 상황이었다. 평화에 이르기까지는 몇 번 더 전쟁을 치러야 할 것이라고 도쿠가와는 판단했다.

그렇다고 도쿠가와가 그 당시 에도 경영에 소극적이었다는 뜻은 아니다. 그는 앞으로 상황이 어떻게 전개되든 개인적으로는 에도에 강한 매력을 느끼고 있었다. 지금까지 살았던 오와리, 미카와, 스루가 국 등에는 없는, 미개척지 특유의 자연적인 매력에 이끌리고 있었다.

* 임진왜란의 일본식 명칭.

도쿠가와는 다른 나라에서 온 탁발승, 행상인, 그리고 앞서 에도를 지배했던 야노 휘하의 예능인들을 총동원하여 에도 주변을 샅샅이 조사하도록 했다. 그 일은 꽤 철저해서 도쿄 산간 지방에는 지금도 이런 이야기가 남아 있을 정도다.

"도쿠가와 쇼군이 정권을 장악한 초기, 이런 산속에도 매일 미카와의 만담꾼이 찾아왔습니다. 만담꾼은 다른 사람 집에 자연스럽게 드나들 수 있었는데 그런 기회를 이용해서 각 가정을 살펴보고 패망한 호조 가문의 잔당들이 숨어살고 있지 않은지 조사했던 것이지요."

도쿠가와는 첩보원들을 통해 모은 정보를 분석해서 처음에는 가신들의 생활 터전과 최소한의 주거지를 확보하는 차원에 머물렀을 뿐 에도 성에는 손을 대지 않았다.

측근들은 빨리 손을 쓰기를 바랐지만 도쿠가와는 일단 기다려보라면서 의미심장한 미소를 지을 뿐이었다. 그리고 에도 지역 각 사원에 많은 땅을 기부했다. 이 지방에서는 사원이 호족과 같은 지배력을 가지고 있다는 사실을 첩보원을 통해 알았기 때문이다. 그는 여기저기 마을 주민들에게 쌀을 나누어주면서 민심을 파악했다.

그때까지는 도쿠가와의 방식을 오쿠보도 충분히 이해했다고 말할 수 있다. 아마 오쿠보도 해뜨기 전에 새로운 주거지를 나와(하타모토들은 대부분 하루에 왕복할 수 있는 지역에 살고 있었다) 에도 성으로 출근하여 업무를 보고는 별이 뜰 무렵 귀가하는 생활을 반복하고 있었을 것이다.

오쿠보의 가슴에는 여전히 가마쿠라 시절의 무사 정신이 살아 있었고 그것이 자신의 존재의식이었다. 게다가 오쿠보는 자신이 가지고 있는 그런 존재의식을 주군인 도쿠가와도 가지고 있을 것이라고 믿었다.

그렇기 때문에 그는 자신과 같은 하타모토 계급이 앞으로도 절대 필요할 거라고 믿었다. 도쿠가와에 의해 고정된 사농공상士農工商에서 '사'는 자신들 무사를 가리키는 것이라고 믿어 의심치 않았다. 바로 몇 년 뒤에 자신들이 가장 쓸모 있는 자들의 계보에서 밀려나 가장 쓸모 없는 자들의 계보에 소속되어 단순히 밥만 축내는 위치로까지 전락할 것이라고는 상상도 하지 못했다.

왕도 건설 이전에 낡은 인간의 처리부터

게이초 10년(1605) 도쿠가와가 아들 히데타다에게 쇼군 자리를 물려주자, 세상 사람들은 그가 히데요시 가에 정권을 되돌려줄 마음이 없으며 앞으로는 도쿠가와 가가 정권을 세습하려는 의도임을 알아차렸다. 그렇게 되자 그 점을 비난하던 사람은 일부 불평분자들로 축소되었고 대부분 서둘러 도쿠가와를 찾아가 충성심을 보였다. 이념보다는 현실 쪽이 더 강하다. 도쿠가와는 다이묘들에게 구체적으로 충성심을 보이라고 요구했다. 그리하여 에도 정비, 즉 왕도 건설이 시작되었다.

게이초 8년(1603) 2월에 쇼군 자리에 오른 도쿠가와는 이듬해 3월, 모든 다이묘에게 에도 성 정비를 명령했다. 그다음 해에는 다이묘들로부터 인질을 거두고 게이초 11년 (1606), 에도 성을 증축하기 시작했다. 다이묘들의 자원봉사에 의해서였다. 설계는 도도 다카토라가 맡았고, 가토 기요마사는 다이묘 모두에게 돌을 운반하게 해야 한다고 제안하고 직접 그 지휘를 맡았다.

"바다에서 들어오려면 스루가에는 후지 산이라는 큰 표시가 있습니다. 하지만 에도는 갈대 숲뿐이기 때문에 이정표로 삼을 것이 아무것도 없습니다."

상인들의 이런 호소를 들은 도쿠가와는 즉시 에도에도 후지 산을 만들겠다는 생각으로 5층짜리 천수각을 지어 올렸다.

처음에는 목재, 석재, 석회 등의 건축 자재만 다루던 상인들은 에도 사람들이 삼베를 대신하여 입고 크게 만족한 무명옷 등으로 영업 품목을 늘려나갔다. 염색집, 총포상, 대장간, 석공소, 목공소, 주물 공장, 과자가게, 포목점, 술집, 생선가게 등이 날이 갈수록 늘어, 하루 일을 마친 오쿠보 같은 사람들이 해변으로 어부들을 찾아가 직접 생선을 구하는 광경은 어느새 사라졌다. 물건 운반을 위해 도로와 운하도 정비되었다. 치안을 위한 정책도 채택되어 소매치기 출신에게 중고품 옷가게를 열게 해서 그곳으로 들어오는 물건 중에 장물이 없는지, 만약 있을 경우에는 그 출처를 조사하도록 했고, 도박을 하는 자는 사형에 처한다는 엄한 처벌 규정이 만들어졌다. 도쿠가와는 도둑질보다 도박을 더 싫어했기 때문이다.

하지만 이런 작업은 이른바 그릇 만들기다. 도쿠가와는 에도를 정비할 때 새 술은 새 부대에 담는다는 원칙을 지켰다. 새 부대에 넣을 새 술은 새로운 인물이다. 물론 새로 태어난 사람이 아니라 새로운 사고방식을 가진 사람을 가리키는 말이다.

그렇기 때문에 오래된 가신들도 새로운 사고방식을 자기 것으로 만들 수 있는, 즉 자기 개혁이 가능한 사람만 중용했다. 혼다 마사노부와 혼다 마사즈미 부자가 좋은 예다. 마사노부는 도쿠가와를 한 번 배신한 적이 있었다. 하지만 도쿠가와가 보기에 마사노부의 능력은 과거의 반역 행위를 충분히 상쇄할 수 있는 수준이었다. 그것으로 충분했다. 문제가 있는 것은 오쿠보 등이었다. 오쿠보가 보기에, 혼다 부자는 반역 행위만 했을 뿐 무공을 세운 적은 전혀 없으며, 계산에 밝고 교언영색을 일삼는 최악의 신하였다.

부하들은 인사 문제를 통해서 경영자의 방침을 알게 된다. 혼다 부자 등용으로 시작된 문신파文臣派의 대두를 보고 오쿠보는 혼란을 느끼며 당황했다. 그리고 곧 뒤처지게 되었다. 오쿠보만이 아니다. 오쿠보와 같은 무신파는 모두 당황했다. 도쿠가와는 그런 광경을 놓치지 않고 지켜보고 있었다. 하지만 능글맞은 그는 결코 서두르지 않았다.

'3대 정도에 걸쳐 천천히 매장하면 돼.'

도쿠가와의 에도 경영을 보는 이들은 대개 그릇을 만드는 격이었던 에도 건설 쪽에 더 비중을 두기 쉽다.

하지만 도쿠가와가 가장 고민했던 문제는 새로운 상황에 대처하지 못하는 낡은 인간들, 자기 개혁을 할 수 없는 인물들을 처리하는 일이었다. 도쿠가와는 그 처리를 히데타다, 이에미쓰 등 3대에 걸쳐 실행했다. 그렇기 때문에 오쿠보는 도쿠가와를 원망하지 않고 이에미쓰를 원망했다. 이에미쓰는 이유도 없이 원망을 받았던 것이다.

이렇게 도쿠가와의 에도 매립은 낡은 인간들의 매립이기도 했다.

여론이야말로 도쿠가와 최대의 무기

패배에서 배운 지혜와 사람의 마음을 장악하는 방법

손자병법에서 싸움의 법칙을 배운 소년

"백전백승이 가장 좋은 것은 아니다."

이것은 『손자』의 「모공편謀功篇」에 나오는 말인데 정확하게는 이런 내용이다.

"전쟁의 법칙을 보면, 적국을 온전히 두고 굴복시키는 것이 최상책이며, 전쟁을 일으켜 적국을 공격해 굴복시키는 것은 차선책이다. 적의 군사를 그대로 두고서 항복시키는 것이 최상책이며, 전투를 벌여서 적군을 물리치고 항복시키는 것은 차선책이다.

적의 대대를 온전히 투항시키는 것이 최상책이며, 적의 대대를 격파하는 것은 차선책이다. 적의 중대를 온전히 굴복시키는 것이 최상책이며, 적의 중대를 무찌르는 것은 차선책이다. 적의 분대를 온전히 생포하는 것이 최상책이며, 적의 분대를 베어 죽이는 것은 차선책이다.

그러므로 싸워서 이기는 것은 최선의 방법이 아니며, 싸우지 않고도 적을 완전히 굴복시키는 전술이 가장 좋은 방법이다."

뜻은 설명할 필요가 없을 것이다. 문제는, 도쿠가와가 이 말을 어떻게 활용했느냐 하는 점이다.

도쿠가와는 학식이 부족하다는 설이 있는데 그것은 거짓말이다. 도쿠가와는 어린 시절부터 이마가와 가에서 인질로 살았지만 슨푸에 있을 때부터 이마가와 요시모토의 스승이었던 다이겐 세쓰사이에게 학문을 배웠다. 그 이후 도쿠가와가 즐겨 읽은 책은 『맹자』와 『손자』였다고 한다.

손자의 말은 주로 전쟁에서 이기는 전략이나 모략에 관한 것이지만 그가 목적을 잊고 있었던 것은 아니다.

"여기에서 설명하는 내용은 어디까지나 방법이지 목적이 아니다. 그러나 전쟁에는 반드시 목적이 있어야 한다."

손자병법의 바탕에는 이런 의미가 짙게 깔려 있다는 점을 간과해서는 안 된다.

도쿠가와도 마찬가지였다. 확증이 있는 것은 아니지만 도쿠가와는 막부를 연 후 맹자가 주장하는 '덕왕德王'을 지향했다. 도쿠가와는 자신이 패권자가 아닌 왕이라는 사고방식을 가지고 있었다. 그래서 다음과 같은 생각을 가지고 있었다.

"왕조가 멸망하고 쇠퇴한 것은 왕에게 덕이 없었기 때문이다. 내게는 덕이 있기 때문에 일본의 왕이 될 수 있다."

그가 제도적으로 여러 가지 법률을 만들고 천황이나 귀족을 교토에 묶어놓았던 행위야말로 그런 사고방식을 보여주는 증거라고 말할 수 있다.

그건 그렇고, 그는 수많은 전투를 경험했다. 예를 들면, 미카타가하라 전투, 나가시노 전투, 아네가와 전투, 고마키·나가쿠테 전투, 오다와라 전투, 조선 침략, 세키가하라 전투, 오사카 전투 등이다. '동해* 제일의 명궁'으로 불렸던

만큼 전반부에는 그도 매우 적극적으로 전투에 나섰다.

그러나 후반부로 접어들면서 점차 모략을 강화했다. 무력은 마지막에 선택해야 한다고 생각했기 때문이다. "백전백승이 가장 좋은 것은 아니다"라는 손자병법이 머릿속에 있었기 때문은 아니었을까?

노부나가의 뜻을 물려받은 '평화선언'

그럼 도쿠가와는 대체 무엇 때문에 전쟁을 했을까? 한마디로 요약한다면 일본에 평화를 가져오기 위해서라고 할 수 있다.

이러한 목표는 동맹자인 노부나가로부터 물려받은 것이다. 노부나가는 전쟁을 좋아하는 사람이라는 평가가 많은데 사실은 그렇지 않다. 노부나가는 같은 시대를 사는 사람들의 요구에 매우 민감한 인물이었다. 그가 구축한 '아즈

---

*　東海. 여기서는 일본 열도의 동쪽 바다를 가리킨다.

치 문화'는 평화로운 시대에 유지해야 할 문화정책과 경제정책이 합쳐진 것이다. 다도茶道를 주축으로 그가 만들어낸 일본인의 새로운 가치관과 이에 따른 산업의 진흥은 과거에는 찾아볼 수 없던 경제적 고도 성장을 안겨주었다.

노부나가가 전쟁을 좋아했다는 말을 듣는 이유는 일본의 전국시대를 빨리 끝내기 위해 과감한 싸움을 자주 벌였기 때문이다. 그래서 그는 칼이나 창을 사용하던 시대에 총을 사용해 집단 전투를 벌였다. 그 좋은 예가 나가시노 전투다.

도쿠가와는 이런 노부나가와 동맹했고 마지막까지 그를 배신하지 않았다. 미카타가하라 전투에서 크게 패한 이유는 노부나가에 대한 의리를 지키기 위해서였다. 나가시노 전투에서는 도쿠가와 군단도 소총 부대를 편성했다. 고마키·나가쿠테 전투는 빠른 속도로 자신의 야망을 드러내는 하시바 히데요시(도요토미 히데요시)에 맞서, 도쿠가와가 오다 가에 대한 자신의 변함없는 마음을 보여주기 위해 노부나가의 아들 노부카쓰와 손을 잡고 일으킨 정략 전투이다.

도쿠가와는 이때 줄곧 히데요시와 대치하고 있었다. 세

상 사람들이 어느 편에 서는지 확인하기 위해서였다. 결국 여론은 도쿠가와 편이 되었다. 그런 사실을 민감하게 간파한 히데요시는 도쿠가와에게는 아무 말 없이 노부카쓰와 화해했다. 노부카쓰가 여기에 응했기 때문에 도쿠가와는 따돌림을 당한 꼴이 되어 쓴웃음을 지으며 물러날 수밖에 없었다.

도쿠가와는 쇼군이 된 후 이런 말을 했다.

"나는 무력으로 천하를 손에 넣었지만 문장으로 다스릴 것이다."

그리고 오사카 전투를 끝으로 일본에서는 전쟁이 끝났다. 이때 그는 유명한 '겐나엔부元和偃武 선언'을 했다.

겐나는 그 당시 연호다. '엔부'는, '무기를 창고에 넣고 자물쇠를 채운다'는 뜻이다. 그러니까 앞으로 일본에서 무기를 사용하는 일은 두 번 다시 없을 것이라는 선언을 한 것이다. 이것이 '겐나 평화선언'이다. 그럴 정도로 그는 노부나가의 유지를 받들어 일본을 평화 상태로 유지하려는 마음이 강했다. 그리고 이것은 그 후 260여 년 동안 일본의 틀이 되었다.

명석한 두뇌를 가진 학자 하야시 라잔은 도쿠가와에게 이런 말을 했다.

"도쿠가와 님께서 하신 일은 중국 주周나라의 문왕文王께서 하신 일과 같은 것입니다."

즉, 무슨 일이든 무력을 행사하는 것으로 해결하던 패권자에서 인과 덕을 바탕으로 정치를 하는 왕의 위치에 서게 되었다는 뜻이다. 이것은 도쿠가와 시대를 생각할 때 절대로 간과해서는 안 되는 중요한 점이다.

닛코에 있는 도쇼구 사당에는 상상의 동물과 새가 여럿 조각되어 있다. 그런데 도쿠가와의 묘에는 맥과 관계된 조각이 많이 있다. 1백여 마리나 된다. 맥은 꿈을 먹는 동물로 유명하지만 도쇼구에서 일하는 관리인의 설명에 의하면 쇠와 구리도 좋아한다고 한다. 그 말은 무기를 먹는다는 뜻인 듯하다. 즉, 도쿠가와는 죽어서도 일본을 평화롭게 하겠다는 집념을 유지하고 있다는 뜻이 된다.

히데요시가 조선을 침략했을 때, 도쿠가와는 단 한 명의 병사도 출전시키지 않았다.

"오다와라 정벌 이후 새로 받은 간토 지방을 다스려야

하기 때문에 그럴 여유가 없습니다. 국내 정비에 전념하도록 해주십시오."

도쿠가와는 그 이유를 이렇게 설명했다. 일본에 하루빨리 평화를 정착시키겠다는 도쿠가와의 생각은 그 당시에 이미 정립되어 있었다.

그러나 그는 그런 이상을 위해서만 손자병법을 이용한 것은 아니다. 나름대로 야심도 있었다. 야심은 역시 천하를 자기 손에 넣는 것이다. 그러나 그는 선배들의 행위를 보고 깨달은 것이 있었다. 바로 이것이다.

"여론을 무시하면 반드시 패한다."

여론을 자기 것으로 만든다

인생을 보는 도쿠가와의 사고방식은 다음 말에 잘 표현되어 있다.

"사람의 일생은 무거운 짐을 짊어지고 먼 길을 걸어가는 것과 같기 때문에 절대로 서두르면 안 된다."

이것이 도쿠가와의 말이라는 확증은 없지만 어쨌든 도쿠가와에게 잘 어울리는 말인 것은 분명하다. 결국 도쿠가와는 참을성이 많다는 뜻이다.

이것은 단순히 그가 어린 시절부터 불행하게 살았기 때문만은 아니다. 그에게는 분명한 계산, '여론을 항상 자기 것으로 만든다'는 계산이 있었다. 그래서 그는 이런 사고방식을 가지고 있었다.

"백 번의 싸움에서 모두 승리한다고 해도 그것은 결코 자만할 일이 아니다. 또 설사 몇 번 패하는 일이 있다고 해서 그것이 불명예가 되지도 않는다."

미카타가하라 전투에서 도쿠가와는 완패했다. 그러나 적은 수의 병사를 이끌고 그 유명한 다케다 신겐武田信玄과 맞서 싸웠다는 점 때문에 오히려 '도쿠가와는 용기가 있다'는 평판을 얻었다. 아네가와 전투에서는 한때 패색이 짙던 노부나가를 구출하여 명성을 떨쳤다.

나가시노 전투 이후 오다·도쿠가와 연합군은 이윽고 다케다 가의 본거지인 가이 국(甲斐國, 현재의 야마나시 현)을 공격했는데 다케다 신겐의 아들인 다케다 가쓰요리는 스스로 목숨을 끊었다. 그 머리를 발견했을 때, 노부나가는 발로 걷어차고 채찍으로 때렸다고 한다. 하지만 도쿠가와는 흙투성이가 된 가쓰요리의 머리를 두 손으로 받쳐들고 정중하게 이렇게 말했다.

"훌륭한 무사가 운이 없어 이렇게 세상을 떠나다니 삼가 명복을 빕니다."

이런 행동은 직속 부하들뿐 아니라 다케다 가 유신들의 마음도 흔들었다.

나중에 다케다의 수많은 부하들이 도쿠가와의 부하가 되었다. 도쿠가와 가에 끝까지 충성을 다한 하치오지의 군사 1천 명도 절반은 다케다 가의 옛 신하들이었다. 또한 오쿠보 나가야스 같은 기술자도 도쿠가와 밑으로 들어와 일본 전국을 무대로 금과 은을 채굴했다.

패하더라도 동맹의 의리를 지킨 도쿠가와는 '의리 있는 인물'이라는 평판을 들었다. 또 다케다 유족에 대한 따뜻한 배려는 '인정 많은 지도자'라는 인상을 심어주었다.

고마키·나가쿠테 전투에서는 사실상 히데요시에게 패했지만 '의리를 아는 인물'이라는 멋진 별명을 얻었다. 게다가 조선 침략에 참가하지 않은 것은 모든 다이묘들에게, '히데요시의 난폭한 행동에 반대할 줄 아는 용기 있는 인물'이라는 인상을 주었다.

히데요시가 사망한 이후 도쿠가와가 처음 한 일은 조선에 나가 있던 일본의 병사들을 불러들이는 것이었다. 이 또한 좋은 평판을 얻었다. 히데요시의 침략에 화가 났던 조선이 그리 오래 지나지 않아 일본과 외교 관계를 회복한 것도 도쿠가와가 정권을 잡았기 때문이었다.

이렇게 도쿠가와는 싸우지 않고 이기는 방법을 늘 염두에 두고 있었다.

이를 위해 활용한 무기가 '여론'이었고 여론이라는 무기를 가장 잘 활용한 예가 세키가하라 전투와 오사카 전투였다.

세키가하라 전투는 본처파와 첩파의 격돌

히데요시도 일본에 평화를 정착시키려 한 노부나가의 정책을 이어받았다. 노부나가, 히데요시, 도쿠가와가 한 일과 앞에서 설명한 울지 않는 두견새에 대한 그들의 태도를 정책적으로 표현한다면, 노부나가는 일본을 평화롭게 만드는 데에 방해가 되는 모든 낡은 가치관을 파괴했고, 히데요시는 노부나가가 파괴한 황무지에 새로운 일본을 건설했고, 도쿠가와는 그것을 영원히 유지하기 위해 노력했다고 말할 수 있다. 즉 각각 맡은 일이 있었다는 뜻이고 결국 일본을 평화롭게 하는 것이 목적이었다는 뜻이다.

그러나 단순히 일본을 평화롭게 하는 것만으로는 부족했다. 무엇보다 평화로운 시대에도 풍요롭게 살 수 있는 방법을 강구하지 않을 수 없었다. 그래서 노부나가는 다도 문화와 관련 있는 토산품의 생산을 장려했고 화려한 아즈치 문화를 만들어냈다.

이런 사상을 물려받은 것이 히데요시의 '모모야마 문화'다. 이를 통해 각종 제품들이 새롭게 개발되어 부가가치가 증대되었으며 동시에 국민 정신도 향상되었다. 다도 도구뿐 아니라 주택, 정원수, 분재, 골동품, 의복, 음식물, 술 등 일본인의 생활 수준이 전반적으로 높아졌다는 사실은 잘 알려져 있다. 수출까지는 아니더라도 내수 면에서는 노부나가나 히데요시도 일본의 경제를 많이 성장시켰다.

도쿠가와는 그런 상황을 유지해나가야 했다. 그래서 일본 전국을 작은 독립 자치체로 만들어 막부가 그 전체를 통제하는 시스템을 만들어냈다.

그러나 그 원형은 이미 히데요시의 오사카 성에도 설치되어 있었다. 다섯 명의 다이로大老*, 다섯 명의 추로中老**, 다섯 명의 부교 제도가 그것이다. 그 다이로의 선두에 서 있던 인물이 도쿠가와였고, 부교의 선두에 서 있던 인물이 이시다 미쓰나리였다.

이 두 사람이 격돌한 싸움이 세키가하라 전투다. 이 전투를 앞두고 도쿠가와는 그곳에 이르기까지 충분히 여론을 환기시켰다. 그것은 무사의 싸움과는 전혀 다른 차원에서 전개되었다.

전쟁은 도쿠가와가 죽은 히데요시의 아내인 네네(본명은 기타노 만도코로)를 편들면서 시작되었다. 이에 반해 이시다

---

* 에도 시대의 무가 정치에서 쇼군을 보좌했던 최고 직책.

** 무가의 중신 중 우두머리인 가로家老의 다음 사람.

미쓰나리는 히데요시의 첩이었던 요도기미 편을 들었다. 그리고 요도기미가 낳은 히데요시의 아들 히데요리를 받들어 모셨다.

현대사회로 치면 도쿠가와는 '본처파'였고 미쓰나리는 '첩파'였다고 말할 수 있다.

상속 문제가 얽혔을 때, 사람들은 어느 쪽 편을 들까? 도쿠가와는 싸우지 않고 이기려면 어느 쪽을 편들어야 하는지 잘 읽고 있었다. 즉, 본처를 소중히 여긴다는 태도를 사람들에게 알린 것이다.

천하를 움켜쥘 야망이 있는 경우에는 지난 권력자의 본처를 소홀히 대하기 쉽다. 경우에 따라서는 살해할 수도 있다.

하지만 도쿠가와는 그렇게 하지 않았다. 네네가 오사카 성에서 차츰 냉대를 받는 것을 보고 후시미 성에 있던 네네의 거처를 교토의 고다이지高臺寺 경내로 옮겨 그곳에서 기거하게 해주었다.

이런 행동은 '도쿠가와는 고 히데요시의 본처를 정중하게 대하고 있다'는 평판을 가져왔고 네네도 도쿠가와에게 고마워했다. 도쿠가와가 고다이지를 자주 방문했기 때문에 두 사람의 관계를 이상한 시선으로 바라보는 사람도 있었지만 도쿠가와는 말도 안 되는 소리라면서 신경도 쓰지 않았다.

그러니까 세키가하라 전투는 본처파와 첩파의 격돌이라고 할 수 있다.

히데요시의 은혜를 입은 수많은 다이묘가 도쿠가와 편에 선 이유는 미쓰나리가 미웠기 때문이 아니라 도쿠가와 쪽으로 돌아선 여론에 영향을 받았기 때문이다. 요도기미 편이 되는 것보다는 네네 편이 되는 것이 여론몰이에는 훨씬 효과적이었다.

도쿠가와의 무기는 동시대인들의 여론

도쿠가와는 쇼군에 오른 지 2년 만에 은퇴하고 아들 히데타다에게 그 자리를 물려주었다. 그러자 도요토미 가에서 심하게 화를 냈다.

'도쿠가와가 쇼군이 된 것은 히데요리가 성인이 될 때까

지 임시로 자리를 맡은 것일 뿐, 나중에 히데요리가 성인이 되면 즉시 자리를 양보하겠지.'

도요토미 가에서는 그렇게 생각하고 있었지만 도쿠가와에게는 그럴 생각이 전혀 없었다. 자신이 갖추고 있는 정보망을 통해서 많은 정보를 수집하고 있었기 때문이다. 정보에 의하면 여론은 모두 '도쿠가와 정권의 존속'을 바라고 있었다. 도요토미 정권이 다시 대두하기를 바라는 자는 아무도 없었다.

그러니 너구리 영감 도쿠가와가 쇼군 자리를 아들에게 물려준 것은 사리사욕 때문만은 아니었다. 그는 같은 시대를 살고 있는 사람들의 뜻을 충분히 수렴해서 결정한 것이다.

한편으로는 이런 의문이 생긴다.

'그렇다면 어째서 오사카 성의 히데요리를 공격한 것일까? 정말로 평화를 사랑하는 사람이라면 굳이 전쟁을 할 필요는 없지 않았을까?'

그러나 도쿠가와는 그런 의심을 받을 것을 뻔히 알면서도 굳이 전쟁을 감행했다.

'히데요리는 간신히 평화로워진 일본의 태평성세를 다

시 흐트러뜨리고 있다.'

이런 사실을 천하에 알리고 싶었기 때문이다. 도쿠가와의 평화 지향성에 역행하여 히데요리 쪽이 다시 일본을 혼란스러운 상황에 빠뜨리려 한다는, 그렇기 때문에 하늘을 대신해서 징벌해야 한다는 주장이다. 어느 정도는 궤변에 가까운 논리다. 그러나 도쿠가와는 진심으로, 이 싸움을 끝으로 일본에서 전쟁을 없애겠다는 생각을 가지고 있었다.

이 전쟁이 끝난 이후 도쿠가와의 인재 등용 방법에 변화가 생긴다. 전투 능력이 있는 인물보다는 경영 능력이 있는 인물을 중시하게 된 것이다.

세상이 변한 것을 모르고 전쟁을 일삼던 시절의 무용담만 내세우는 인물들은 점차 시들어갔다. 그 대신 경영 감각이 뛰어난 무사가 등용되었다. 이런 변화를 따라가지 못하는 인물은 자연스럽게 도태되었다.

여기에도 시대를 읽는 도쿠가와의 예리한 눈이 작용했다. 여론이 어느 쪽으로 흐르고 있는지 간파했기 때문이다.

요즘으로 치면 도쿠가와는 리더에게 반드시 필요한 선견지명을 갖추고 있었다. 그리고 그런 감각은 손자병법을 통해서 쌓은 것이다.

일본의 최고경영자들은 왜 도쿠가와를 선호하는가

어느 경영 잡지가 기업의 최고경영자들을 대상으로 다음과 같은 설문 조사를 했다.

① 자신을 전국시대의 무장으로 비유한다면 누구라고 생각하십니까?

② 후계자로는 어떤 타입의 무장을 선택하시겠습니까?

이 설문에 대한 답의 1위는 ①, ② 모두 '도쿠가와 이에야스'였다고 한다. 2위는 오다 노부나가였다.

그런데 각 기업에서 이미 후계자로 주목받고 있는 사람들에게 ①의 질문을 하자 자기는 오다 노부나가 타입이다, 도쿠가와 이에야스 타입이다, 도요토미 히데요시 타입이다, 라는 세 가지로 나뉘었고 그 비율은 비슷했다고 한다.

매우 흥미 있는 결과다.

— 첫째, 현 최고경영자 중에 자신을 도요토미 히데요시

타입이라고 비유한 사람이 없다는 점.

― 둘째, 대부분의 최고경영자들이 후계자로 도쿠가와 이에야스 타입을 바란다는 점.

― 셋째, 그런데도 후계자들 중에 오다 노부나가 타입, 도요토미 히데요시 타입이 많다는 점.

이런 사실은 현재 최고경영자의 기대와 현실 사이에 많은 차이가 있다는 사실을 분명히 보여준다. 그리고 그런 차이가 있다는 사실을 알면서도 최고경영자는 역시 도쿠가와 타입을 바라고 있다.

그런데 히데요시가 등장하지 않는다는 점이 재미있다. 출신 성분이 나쁜 자는 환영하지 않는다는 뜻일까?

그건 그렇고 경영자들은 어째서 도쿠가와에게 이토록 집착하는 것일까? 너구리 영감이라는 별명을 들을 정도로 노회하고 비정하며 대중의 인기 투표에서는 히데요시나 노부나가보다 하위에 머무르는 도쿠가와가 경영자들에게는 압도적인 지지를 받고 있다.

아마 도쿠가와를 지지하는 최고경영자들도 도쿠가와라는 인물을 좋아하느냐는 질문을 던진다면 반드시 좋다고만 대답하지는 않을 것이다.

도쿠가와라는 사람 자체는 싫어하지만 기업을 260년 동안이나 안정 상태로 유지할 수 있는 경영 방법은 배우고 싶다는 뜻일까? 하지만 경영 방법이 독립적으로 존재하는 것은 아니다. 최고경영자의 경영 방법은 역시 그 경영자의 인간성과 깊은 관계가 있다.

여기에서는 경영자들에게 많은 지지를 받고 있는 도쿠가와의 인간성을 새로운 시각으로 관찰해보기로 하자.

남에게 고통을 강요하지 않은 도쿠가와

"사람의 일생은 무거운 짐을 짊어지고 먼 길을 걸어가는 것과 같기 때문에 절대로 서두르면 안 된다."

이것은 도쿠가와가 한 말로 알려져 있다. 사실인지 아닌지는 모르지만 이 말만큼 도쿠가와의 성격을 잘 표현하는 말은 없다. 단순히 인내심이 강하거나 참을성이 있어서가 아니라 도쿠가와의 인생 자체와 비슷하기 때문이다.

도쿠가와는 6세부터 19세까지 13년 동안, 오다 가와 이마가와 가의 인질이 되어 사람들의 차가운 시선을 받으며 눈칫밥을 먹었다. 성격적으로 어두운 그림자를 지니지 않을 수 없었을 것이다.

하지만 도쿠가와의 위대한 점은 그가 자신의 불행한 경험을 사회에 대한 적대감으로 변환시키지 않았다는 것이다.

사람들은 대개 자신이 고생을 하면 그 고생을 더욱 강조하면서 다른 사람들에게 강요하게 된다. 자신이 당한 고통을 다른 사람에게도 강요하는 바람에 결국 빈축을 사는 예가 많다.

도쿠가와는 결코 자신의 고통을 다른 사람에게 강요하지 않았다. 인질로 지내던 시대에도 의연한 태도를 보였을 뿐 불평이나 나약한 말을 하여 주위의 동정을 사려 하지 않았다.

"저는 불쌍한 사람입니다."

이런 식으로 다른 사람의 동정을 유발하는 행동은 하지 않았던 것이다.

단, 그 의지와 태도가 너무 밝았기 때문에 그런 행동이 진심인가 하는 의심은 받았다. 노부나가야말로 바로 그런 식으로 도쿠가와를 의심한 대표적인 인물이다. 도쿠가와와 가신들의 관계가 깊어질수록 노부나가의 의심은 더욱 짙어졌다.

노부나가는 천성적으로 의심이 많은 인물이었다. 그리고 날카로운 감각을 지니고 있었기 때문에 도쿠가와 집단의 '지하 수맥'을 파악했고 당연히 경계했다.

도쿠가와는 그 후에도 몇 번이나 위기를 만난다. 가문이 멸망하거나 목숨을 잃을 수도 있는 위기였다.

그러나 그때마다 위기를 잘 헤쳐나왔다. '여론'을 이용해서였다. 그가 평생 동안 가장 강력한 무기로 사용한 것은 여론이었다.

여론은 '세상 사람들의 지지'다. 도쿠가와만큼 어린 시절부터 '여론 만들기'에 뛰어났던 인물은 없다.

뒤에서 다루겠지만, 그가 세키가하라 전투나 오사카 전투에서 히데요시의 은혜를 입은 다이묘들을 자기편으로 만들 수 있었던 것도 이 여론을 이용했기 때문이다. 즉, 히데요시의 본처인 네네를 소중히 대하고 첩인 요도기미에게 맞섰기 때문이다.

결국 이런 여론이 형성되었다.

'도쿠가와 님은 히데요시 님의 부인에게도 최선을 다하고 있다.'

사회는 본처보다 첩을 내세우지 않는다는 상식을 도쿠가와는 전쟁에 이용했던 것이다.

그는 인질로 지내던 소년 시절부터 이미 그런 여론 형성에 상당히 뛰어난 감각을 보여주었다.

인질은 인질다워야 동정을 얻는다

오다 가에서 이마가와 가로 건너가게 되자 이마가와 가의 식솔들은 소년 도쿠가와를 더욱 우습게 대했다. 함께 이마가와 가로 건너간 가신 도리이 모토타다와 히라이, 지카요시는 억울해서 눈물을 흘리며 더 이상 참을 수 없으니 보복을 하자고 졸랐다.

하지만 그때마다 도쿠가와는 참아야 한다고 말했다. 그

래도 보복을 주장하는 두 사람에게 도쿠가와는 이렇게 말했다.

"이마가와 가가 나를 어떻게 대하고 있는지 세상 사람들은 잘 알고 있어. 또 미카와에 있는 가신들도 지켜보고 있어. 내가 인질이라는 신분에 철저할수록 사람들은 나를 동정하게 되는 거야."

마치 산전수전 다 겪은 영감 같은 말이었다.

이마가와 가의 부당한 대우에 하나하나 신경을 쓰고 대항해보아야 사람들은 결코 박수를 보내지 않을 것이라는 사실을 어린 도쿠가와는 잘 알고 있었다.

'나름대로 인질이라는 신분에 철저해야 돼. 인질이라는 처지에 전념하면 적어도 내가 성실한 사람이라는 인상은 심어줄 수 있어.'

도쿠가와는 그렇게 생각하고 있었다. 자신을 괴롭히는 이마가와 가를 넘어서서 더 넓은 세상을 의식하고 있었으니 상당히 수준 높은 광고 전략이다.

자신의 처지를 호소하는 것보다는 의연한 태도로 고통을 참아내는 모습을 보이는 쪽이 값싼 동정보다 훨씬 더 질

높은 동정을 얻을 수 있다는 사실을 그는 잘 알고 있었다.

그리고 그 동정은 결과적으로 '이마가와 가에서 너무한다'는 여론을 낳게 되리라는 사실도 알고 있었다.

그야말로 '무서운 소년'이었던 것이다.

흉내나 내는 새는 무장이 키울 애완동물이 아니다

그러나 도쿠가와는 자신이 처한 상황에 순응만 하지는 않았다. 설사 인질의 몸이라 해도 자신이 어떤 인물인지 확실하게 강조해야 할 경우에는 위험을 무릅쓰고 과감하게 싸우는 자세를 보여주었다.

결과적으로 그것은 소년 도쿠가와의 이름을 높여주었는데 그런 행동을 할 때만큼은 필사적이었다. 그런 과감한 행동이 반드시 좋은 결과를 얻는다는 보장이 없었기 때문이다.

언젠가 인질인 도쿠가와 소년을 동정한 어느 상인이 검은 개똥지빠귀를 가져온 적이 있었다.

"위로 삼아 이 새를 키워보시지요."

"무슨 새인가?"

"다른 새의 울음소리를 그럴듯하게 흉내내는 기술이 있는 녀석입니다. 키우시면 재미있을 것입니다."

상인은 그렇게 말하고 새에게 몇 가지 흉내를 내보게 했다. 도쿠가와의 가신과 이마가와 가의 식솔들은 재미있다고 박수를 쳤다.

"재미있는 새입니다. 받으시지요."

새가 있으면 우울한 나날이 어느 정도 밝아질 것이라는 생각에 가신들이 그렇게 권했지만 도쿠가와는 고개를 저었다.

"필요 없어."

"왜요?"

"이 새에게는 자기 목소리가 없어. 무장이 키울 애완동물이 아냐."

그 말을 들은 이마가와 가의 식솔들이 코웃음을 쳤다. 그리고 서로 얼굴을 쳐다보며 인질인 주제에 터무니없는 말이나 하는 녀석이라고 비웃었다.

그러나 도쿠가와는 태연했다.

상인도 호의를 무시당하자 화가 나 새를 가지고 돌아갔

다. 이 이야기는 즉시 마을 사람들에게 알려졌다.

그런데 마을 사람들의 반응은 달랐다. 훌륭하다는 것이었다. 그중에는 그런 말을 할 수 있는 도쿠가와의 배짱에 눈시울을 붉히는 자도 있었다.

도쿠가와가 기대하는 여론, 즉 자신에 대한 지지가 마을 사람들 사이에 싹트기 시작한 것이다.

손님 앞에서 일부러 소변을 본 대담한 소년

이마가와 가의 주군인 요시모토는 기품 있는 인물이었다. 교토의 귀족풍에 따라 격식을 중시했다. 따라서 가신들도 허례허식이 많았다. 특히 신분 차별이 심해서 신분이 낮은 자나 아랫사람을 무시했다. 윗사람에게는 굽실거리면서 아랫사람에게는 거드름을 피우며 심하게 괴롭혔다.

인질인 도쿠가와는 그런 사람들에게 아주 좋은 놀림감이었다. 도쿠가와가 있든 없든 간에 그들은 도쿠가와의 험담을 일삼았다.

언젠가 가이 국에서 다케다 신겐의 사자가 찾아왔는데 이런저런 이야기를 나누다가 사자가 이런 말을 했다.

"이 댁에는 마쓰다이라(도쿠가와의 옛 성) 가문의 인질이 있다는 말을 들었는데……."

이마가와 가의 식솔들은 즉시 도쿠가와에 관한 험담을 늘어놓았다.

"있지요. 늘 주눅이 들어 사람들 앞에 모습을 드러내지 않습니다."

"기개가 없는 녀석이지요. 거지처럼 비굴한 녀석입니다."

마침 검은 개똥지빠귀 사건 직후였기 때문에 이마가와 가의 식솔들은 도쿠가와가 얄미워 견딜 수 없었다.

"호오, 그렇게 쓸모 없는 인물입니까?"

사자도 고개를 끄덕이며 웃음을 터뜨렸다.

그때, 툇마루 쪽에서 물이 떨어지는 소리가 들렸다. 모두 그쪽으로 눈길을 주었다. 도쿠가와가 툇마루에 서서 마당을 향하여 소변을 보고 있었다. 이마가와 가의 식솔들이 깜짝 놀라 눈을 부릅떴다.

그러나 태연한 모습으로 방뇨를 끝낸 도쿠가와는 다케

다 신겐의 사자에게 싱긋 미소를 지어 보이고는 천천히 그 자리를 떴다.

"누굽니까?"

사자가 물었다.

"마쓰다이라의 인질입니다."

이마가와 가의 식솔 한 명이 떨떠름한 표정으로 대답했다.

가이 국으로 돌아온 사자가 주군인 신겐에게 이 이야기를 하자 신겐은 감탄한 표정으로 천천히 고개를 끄덕이며 생각에 잠겼다.

'언젠가 무서운 존재가 될 녀석이야. 이마가와 가에서 지금처럼 그 소년을 대한다면 나중에 위험해질걸.'

중요한 시기에는 위험을 무릅쓰고 도박을 한다는 도쿠가와의 당당함은 '여론 만들기'에 한층 더 박차를 가했다.

도쿠가와의 인생철학에서 가장 중요한 것 중 하나가 바로 '여론을 자기편으로 만든다'는 것이었다.

그리고 그것은 도쿠가와의 천성이었다.

2장

운과 어떻게
맞서야 하는가

때로는 기다리고 때로는 낚아채는
운에 대한 도쿠가와의 사고방식

권력자의 심리를 어떻게 읽어야 하는가

알려지지 않은 도쿠가와와 노부나가의 갈등

무거운 짐 같은 노부나가의 집요함

닛코의 도쇼구에 남아 있는 도쿠가와의 유명한 말을 다시 한번 소개한다.

"사람의 일생은 무거운 짐을 짊어지고 먼 길을 걸어가는 것과 같기 때문에 절대로 서두르면 안 된다."

도쿠가와 막부 치하의 에도 시대로 접어들자 많은 상인들이 이 말을 자기 집의 가훈으로 삼았다. 학설에 의하면, 이 말은 도쿠가와가 한 것이 아니라 나중에 그를 미화하기 위해 만들어진 것이라고 한다.

그러나 가만히 생각해보면 이 말은 도쿠가와의 삶과 일맥상통한다는 느낌이 든다. 특히 20여 년 동안 단 한 번도 깨진 적이 없어 전국시대의 미담으로 알려져 있는, 노부나가와 도쿠가와의 동맹에는 도쿠가와의 이런 생각이 절실하게 배어 있다는 느낌이 든다. 즉, 도쿠가와 쪽에서 볼 때 이 교훈은 노부나가와 맺은 동맹, 그 저변에 깃들어 있는 지하수맥 같은 것이다.

노부나가의 성격은 매우 집요하다. 그가 이시야마의 혼간지本願寺를 제압한 직후, 아버지 노부히데 때부터 오다 가를 받들어온 중신 하야시 미치카쓰와 사쿠마 노부모리를 추방한 사건은 매우 유명하다. 노부모리 쪽은 이시야마의 혼간지를 공격할 때 적극적으로 공격하지 않고 수수방관했다는 점이 이유였지만 미치카쓰의 경우는 달랐다. 그의 죄명은 노부나가가 아직 젊었을 때, 자신의 동생인 노부유키를 앞세워 배신했다는 것이다.

노부나가의 아버지 노부히데가 사망한 것은 덴분(天文, 1532~1555) 20년(1551) 3월 3일의 일로, 노부나가는 아직 18

오다 노부나가의 영정(고베 시립박물관 소장)

오다 노부나가織田信長, 1534~1582

20여 년 동안 한 번도 깨진 적이 없어 일본 전국시대의 미담이라 불리는 노부나가와 도쿠가와의 동맹은 노부나가가 죽을 때까지 지켜졌다.

세였다. 확실히 그 당시 노부나가를 지지하는 중역진은 매우 엷었다. 특히 중신인 하야시 미치카쓰나 시바타 가쓰이에는 노부나가의 동생 노부유키로 하여금 노부히데의 뒤를 잇게 하려 했다.

노부유키가 실제로 노부나가에게 반란을 일으킨 것은 고지(弘治, 1555~1558) 3년(1557) 11월 2일의 일인데, 이때 노부나가는 질병을 가장하여 노부유키를 불러 살해했다. 이때 노부나가의 나이는 24세였다. 그런데 그가 하야시 미치카쓰를 추방한 것은 덴쇼 8년(1580)에 이르러서였다. 노부나가의 아버지 노부히데가 사망한 지 약 30년 뒤다. 또 노부유키를 살해한 지 20여 년 후이다. 그렇게 오랜 세월 노부나가는 줄곧 미치카쓰를 미워하며 원한을 불태우고 있었던 것이다.

도쿠가와는 노부나가와의 관계가 길어질수록 그의 이런 끈질긴 성격을 잘 알게 되었다. 그래서 항상 이런 생각을 가지고 있었다.

'노부나가 님은 내가 저지른 실수도 결코 잊지 않을 거야.'

도쿠가와는 어린 시절부터 불행한 경험을 해왔기 때문

에 어떤 면에서는 사람을 믿지 않았다.

"물은 배를 띄워주지만 다른 한편으로는 배를 뒤집기도 한다."

그는 이런 말을 했는데 여기서 배는 도쿠가와 자신을, 물은 부하를 비유한 것이다. 그만큼 부하들을 믿지 않았다는 뜻이다. 결속력이 매우 튼튼해서 주군과 신하의 관계가 전국시대 최고라고 불렸지만, 한편으로는 자신의 부하들을 믿지 않았다는 점에서 보면 그의 마음속에 흐르고 있는 수맥도 꽤 냉정하고 외로운 것이었다고 말하지 않을 수 없다.

이 물과 배의 설명은 반드시 부하와 자신에 관한 비유만은 아니다. 도쿠가와는 동맹을 맺은 노부나가에 대해서도 그런 사고방식을 가지고 있었다. 자신에 대한 노부나가의 불만을 어느 정도 짐작하고 있었기 때문이다.

노부나가에 대한 다섯 가지 배신 행위

도쿠가와가 생각할 때, 노부나가가 도쿠가와에게 붙만을

가질 수 있는 사건은 다섯 가지가 있었다.

― 도쿠가와가 이마가와 가의 인질로 지내며 마쓰다이라 모토야스라는 이름을 사용하고 있던 시절, 첫 출전에서 노부나가 쪽의 데라베 성을 공격한 일.

― 에이로쿠(永祿, 1558~1570) 3년(1560) 5월, 모토야스(도쿠가와)가 기지를 발휘하여 이마가와 요시모토 휘하의 오타카 성으로 군량미를 반입한 일.

― 같은 해, 오케하자마 전투에서 선봉에 서서 노부나가 쪽의 마루네, 와시즈 성을 함락한 일.

― 노부나가와 동맹을 맺은 직후, 노부나가의 간청을 뿌리치고 거점을 예전의 오카자키에서 도토미 국의 하마마쓰로 옮긴 일.

― 겐키 3년(1572) 12월, 노부나가의 제지를 뿌리치고 노부나가가 보내준 원군과 함께 미카타가하라로 진격, 다케다 신겐에게 크게 패한 일.

이 사건들은 모두 노부나가 쪽에서 볼 때, 가슴 아픈 것이었다. 그래서 도쿠가와는 마음이 놓이지 않았다.

'노부나가 님은 그 일들을 절대로 잊지 않을 거야.'

도쿠가와 스스로도 마음에 걸리는 점이었기 때문이다. 그러나 그런 기색을 드러내면 노부나가가 의식하고 이에 대처할 것이기 때문에 도쿠가와는 모르는 척 시치미를 뗐다. 다만 마음속으로는 항상 불안감을 느끼고 있었다.

덴쇼 7년(1579) 8월, 도쿠가와는 부하를 시켜 자신의 본처인 쓰키야마를 살해했다. 그 이듬해에는 장남인 노부야스에게 자살을 명령했다. 노부나가의 딸이자 노부야스의 아내인 고도쿠의 밀고 때문이었다. 밀고 내용은 쓰키야마와 노부야스가 다케다 가와 내통했다는 것이었다.

그건 사실이 아니었다. 그런데도 노부나가는 도쿠가와에게 아내와 아들을 처리하라고 재촉했다. 아직은 노부나가의 비호를 받아야 하는 처지였던 도쿠가와는 그 뜻을 따르지 않을 수 없었기 때문에 눈물을 머금고 두 사람을 죽게 했다. 그리고 자신이 결국 노부나가에게 보복을 당했다는 사실을 깨달았다. 어떤 실수 때문인지 그 점은 알 수 없지만 과거에 저지른 배신 행위를 노부나가는 잊지 않고 있다는 사실을 실감하지 않을 수 없었다. 노부나가의 성격은 그 정도로 집요했다.

노부나가는 용감한 무장이기는 해도 좋은 무장은 아니다

히데요시는 말년에 이런 말을 했다.

"노부나가 님은 용감한 무장이었지만 좋은 무장은 아니었다. 강한 것이 부드러운 것을 이긴다는 사실은 알고 있었지만 부드러운 것이 강한 것을 제압한다는 사실은 모르고 있었다. 한번 적이 되었던 자에게 느꼈던 분노는 끝까지 풀어버리는 일이 없고 언젠가 반드시 그 보복을 하여 뿌리를 자르고 잎을 말리는 인물이었다. 그만큼 그릇이 작았다. 그래서 사람들에게 두려움의 대상이 되기는 했지만 존경받을 인물은 아니었다. 예를 들면 호랑이나 늑대를 보고 두려움을 느낀 자들은 그 대상을 죽여버리는 것으로 위험에서 벗어나려 하는데 아케치 미쓰히데의 반역 행위도 그 때문에 발생한 것이다."

노부나가의 신하로서 오랫동안 그를 받들었던 히데요시의 말이니만큼 도쿠가와도 이 말에는 동조했다.

도쿠가와가 생각할 때, 자신이 저지른 몇 가지 배신 행위 중 데라베 성 공격은 어쩔 수 없는 일이었다. 그러나 마루네, 와시즈 성을 공격한 일은 노부나가의 간담을 서늘하게 했다. 이 공격 때문에 노부나가는 이마가와 군에 대한 전의를 불태웠고 그것이 계기가 되어 기습 작전에 성공했다. 그런 의미에서 보면 당시 이마가와 쪽에 있던 젊은 시절의 도쿠가와가 노부나가의 오케하자마 기습 작전에 계기가 되어주었다고 말할 수 있다.

'하지만 노부나가 님은 결코 그렇게 생각하지 않을 거야. 불길 속을 달려 마루네 성과 와시즈 성 공격의 선두에 선 장수가 누구인지 확인하고 복수를 다짐했을 거야.'

오타카 성으로 군량미를 반입할 때에도 도쿠가와는 노부나가의 눈길을 돌리기 위해 데라베 성을 공격했다. 2년 전 첫 출전의 표적으로 삼았던 성이다. 이 일도 노부나가는 잊지 않았을 것이다.

'마쓰다이라 모토야스(도쿠가와) 녀석, 이마가와 요시모토 편에 서서 나의 데라베 성을 두 번씩이나 공격하다니…….'

그런 감정을 가지고 있었을 것이다.

노부나가와 도쿠가와의 암투

에이로쿠 9년(1566)에 도쿠가와는 성을 마쓰다이라에서 도쿠가와로 바꾸었다. 노부나가는 그 점을 이상하게 생각하고 그쪽 방면에 대해 잘 아는 부하에게 물었다.

"도쿠가와라니, 그게 무슨 뜻인가?"

"무사단의 기원으로 알려져 있는 미나모토源 집안에서 갈라져 나온 성인 듯합니다."

"미나모토?"

미나모토라는 성에서 갈라져 나온 성 중에 닛타新田라는 성이 있고 그 분가로 도쿠가와(得川 또는 德川)라는 성이 있는데 이에야스는 그것을 자신의 성으로 삼았다는 설명이었다.

'대체 무슨 생각으로 갑자기 성을 바꾼 거지?'

노부나가는 도쿠가와의 마음을 알 수 없었다. 그때 문득 머릿속에 떠오르는 생각이 있었다. 그것은 노부나가가 평상시에 자신의 성은 '다이라平'라는 말을 자주 했다는 점이다. 즉 다이라 집안이라는 점을 강조했다. 노부나가 집안이 정말로 다이라 집안의 혈통인지는 알 수 없다. 다만 정권이 다이라 가에서 미나모토 가로 교체됨에 따라 지금 노부나가가 받들고 있는 쇼군인 아시카가 요시아키足利義昭가 미나모토 가의 혈통이었기 때문에 그에 대한 대항 의식에서 다이라라는 성을 내세운 것뿐이었다. 그런데 도쿠가와가 그 사실을 알고 의식적으로 미나모토 계열의 성을 사용한다는 것은 분명히 노부나가의 다이라라는 성에 대한 대항이었다.

'이 녀석, 이미 천하 패권을 노리고 있는 것인가?'

그런 생각이 언뜻 들었지만 노부나가는 즉시 쓴웃음을 지으며 부정했다.

'아니, 그 녀석에게 그런 야망이 있을 리 없어. 그 녀석은 내가 없으면 아무것도 할 수 없는 힘없는 다이묘에 지나지 않거든.'

하지만 도쿠가와는 그렇게 힘없는 다이묘가 아니었다. 그는 여러 가지 계책을 세워 다케다 가와 이마가와 가에 손을 썼고 마침내 도토미 국을 거의 평정해버렸다. 그리고 겐키 원년(1570)이 되자 지금까지 거점으로 삼았던 오카자키 성을 장남인 노부야스에게 물려주고 자신은 도토미 국의 하마마쓰 성으로 거처를 옮겼다. 이 말을 들은 노부나가는 즉시 부하인 사쿠마 노부모리를 하마마쓰 성으로 보내 항의했다.

동쪽을 둘러싼 침묵의 양해

"내가 받들고 있는 쇼군 아시카가 요시아키 님은 천성적으로 음모를 좋아하여 이미 내게도 나쁜 감정을 가지고 있는 듯합니다. 그런데 도쿠가와 님께서 하마마쓰로 거처를 옮긴다면 무슨 일이 일어났을 경우에 덴류, 이마키리, 혼사카 등의 관문을 거쳐 힘을 합칠 수 없습니다. 그러니까 지금까지처럼 오카자키에 계속 머물러주십시오."

사쿠마 노부모리가 노부나가의 그런 뜻을 전했지만 도쿠가와는 그 말을 무시하고 굳이 하마마쓰로 거처를 옮겼다. 왜냐하면 노부나가와 동맹을 맺을 때 문서로는 작성하지 않았지만 구두로 한 약정이 있었기 때문이다. 그때 노부나가는 이런 말을 했다.

"도쿠가와 님은 동쪽으로 확장하십시오. 나는 서쪽으로 손을 뻗겠습니다."

즉, 동쪽은 도쿠가와에게 맡기고 자신은 서쪽을 담당하겠다고 했던 것이다. 그렇기 때문에 도쿠가와 쪽에서는 하마마쓰로 옮기는 것은 동쪽을 다스리는 거점을 확보하는 것이며 동시에 노부나가에 대해 서쪽에는 아무런 야망도 없다는 자신의 뜻을 보여주는 것이라고 생각했다.

물론 그것만이 이유는 아니었다. 하마마쓰 성으로 옮기기 전부터 이미 도쿠가와는 다케다 신겐이나 우에스기 겐신, 그리고 노부나가에게 살해당한 이마가와 요시모토의 아들 이마가와 우지자네와 교섭을 계속하고 있었다. 암거래에 가까운 것이었다.

다케다 신겐과는, 다케다는 스루가 국(駿河, 현재의 시즈오카 현)을 맡고 도쿠가와는 도토미 국을 맡는다는 밀약이 되어 있었다. 또 이마가와 요시모토의 아들인 우지자네와는, 우지자네가 가케가와 성에서 물러나는 것으로 그 안전을 보장하겠다는 밀약도 했다. 이런 문제들은 하나하나 결정되고 있었다. 도쿠가와는 그런 점 때문에 약간 들뜨기도

해서 마음이 급했다. 그런데 결과적으로는 그런 행동이 노부나가의 신경을 건드렸고 불신감을 키우는 결과를 낳았다.

"도쿠가와 녀석, 나와 맺은 동맹을 무시할 생각인가?"

노부나가는 분노를 억눌렀다. 그런 노부나가의 분노와 의심은 하나씩 드러났다. 깊이 생각한 도쿠가와는 지금 노부나가를 화나게 하면 자신에게 도움이 될 것이 없다고 판단했다.

때로는 하늘에 운을 맡긴다

도쿠가와 인생철학의 비밀

'가미가타 연예 관광'에 감추어진 진정한 목적

노부나가가 쇼군으로 섬기고 있던 아시카가 요시아키는 노부나가의 말대로 음모를 좋아하는 사람이었다. 그것은 거의 병적이었다. 쇼군이 되었을 때에는 노부나가를 '아버지'라고까지 부르던 요시아키는 시간이 흐르자 자신이 노부나가의 꼭두각시에 지나지 않는다는 사실을 깨닫고, 다른 다이묘들을 부추겨 노부나가를 응징하려는 계략을 세워 실행에 옮겼다. 그 사실은 즉시 노부나가의 귀에 들어갔다. 노부나가는 교토로 찾아가 요시아키에게 다섯 가지 조건을 내세워 굴복시켰다. 요시아키는 표면적으로는 그 조건을 받아들였지만 마음속으로는 분노를 참을 수 없었다. 결국 노부나가에 대한 분노는 더욱 강해졌다.

요시아키의 공작에 가장 먼저 동조한 인물이 에치젠 국(越前國, 현재의 후쿠이 현)의 아사쿠라 요시카게다. 요시아키는 한때 아사쿠라의 저택에 기거했기 때문에 두 사람은 유대 관계가 깊었다. 요시아키는 아사쿠라 저택을 나온 이후에도 많은 일을 요시카게에게 의지했고 요시카게도 요시아키를 지지했다.

노부나가의 눈이 빛났다.

'아사쿠라를 쳐야겠어.'

그렇게 결심한 노부나가는 동쪽으로 거점을 옮긴 도쿠가와에게 긴밀한 연락을 취하여 아사쿠라를 치자고 제안했다.

이 제안에는 도쿠가와도 반대할 수 없었다. 이즈음에는 도쿠가와도 줄곧 노부나가의 심사에 신경을 쓰고 있었다. 스스로도 좀 지나쳤다고 생각하고 있었다. 그것을 떨쳐버리려면 일단 노부나가에게 협력하는 것이 중요하다고 판단했다. 그래서 도쿠가와는 적극적으로 아사쿠라 공격에 참가하겠다는 뜻을 알렸다.

겐키 원년(1570) 2월 25일, 노부나가는 대군을 이끌고 기후를 출발했다. 그러나 대부분의 군사들을 오미 국(近江國, 현재의 시가 현)에 대기시키고 자신은 교토로 들어갔다. 명목은 '가미가타 연예* 관광'이었다.

도쿠가와는 같은 해 3월 7일에 하마마쓰를 출발했다. 그도 많은 군사를 이끌고 있었다. 그러나 그가 군사를 움직인 이유 역시 '가미가타 연예 관광'이었다.

노부나가와 도쿠가와는 마치 형제처럼 씨름과 연예 공연을 관람했다. 쇼군인 아시카가 요시아키의 니조 성을 함락한 것을 축하한다는 이유였다. 수많은 귀족과 다이묘들이 구경을 나왔는데, 이때 노부나가는 그들에게 도쿠가와를 소개했다. 마치 형이 동생을 소개하는 것 같았다. 도쿠가와는 노부나가가 '가미가타 연예 관광'에 나선 진정한 목적

---

*   上方演藝. 당시 문화의 중심지였던 가미가타 지방(교토·오사카)에서 일어나 성행한 전통 연예의 총칭.

이 바로 그것이라는 사실을 깨달았지만 조용히 그의 행동에 따랐다.

노부나가의 보복

4월 20일, 호쿠리쿠北陸*의 눈이 녹기 시작했다는 보고가 들어오자 노부나가는 비로소 아사쿠라 정벌을 선포하고 전군을 쓰루가敦賀로 보냈다. 물론 도쿠가와도 뒤따랐다. 공격은 급속도로 전개되었고 아사쿠라 쪽 성은 하나하나 함락되어 갔다. 이때 노부나가 군의 복장은 실로 화려해서 호쿠리쿠의 군사와 백성들은 그들을 보고 하늘에서 천군天軍이 내려온 것 같다고 표현했다.

가나가사키를 함락한 노부나가 군은 드디어 이치조다니에 있는 본거지 돌입을 눈앞에 두고 있었다. 그런데 그때 놀라운 일이 발생했다. 노부나가의 여동생인 오이치의 남

---

* 동해 연안의 니가타·후쿠이·이시카와·도야마 현을 통틀어 일컫는 말.

편 아사이 나가마사가 노부나가에 맞서 군사를 일으킨 것이다. 나가마사는 젊지만 성실한 무사로 아사쿠라 가와는 오랜 유대 관계를 유지하고 있었다. 그렇기 때문에 전에 노부나가와 동맹을 맺을 때 이런 조건을 제시했다.

"만약 아사쿠라를 공격할 일이 발생한다면 반드시 미리 제게 연락해주십시오."

그러나 노부나가는 무시했다. 나가마사를 가볍게 본 것이다. 나가마사는 분노를 참을 수 없었다. 결국 노부나가는 앞에서는 아사쿠라, 뒤에서는 나가마사의 공격을 받아 궁지에 몰렸다.

이때 도쿠가와가 나서서 말했다.

"대장께서는 일단 교토로 돌아가십시오."

꽤 설득력 있는 말이었다. 노부나가는 어쩔 수 없이 그 제안을 받아들였지만 문제는 후미를 누구에게 맡기느냐 하는 것이었다. 니와 나가히데, 시바타 가쓰이에, 아케치 미쓰히데, 기노시타 도키치로 등이 차례로 나섰지만 도쿠가와가 그들을 만류했다.

"제가 후미를 맡겠습니다."

그러자 노부나가가 고개를 저었다.

"후미는 기노시타 도키치로에게 맡기겠소."

노부나가는, 구치키의 협조와 마쓰나가 히사히데의 안내로 곤경에서 탈출했다. 무장들도 그 뒤를 따랐다. 그러나 도쿠가와만은 퇴각하지 않고 마지막까지 남았다. 평소에 도키치로에게 좋은 감정을 가지고 있지 않았던 시바타 가쓰이에를 비롯한 여러 무장도 도키치로에게 자신들의 군사를 넘겨주었다.

"이게 우리가 도울 수 있는 한계요."

도키치로는 감동했다. 도쿠가와의 가신들과 달리 자기주장이 매우 강한 노부나가 휘하의 군사들이 오랜만에 보여주는 아름다운 광경이었다. 하지만 오쿠보 히코자에몬은 이 미담을 다른 각도에서 보고 『미카와모노가타리』에서 이렇게 말했다.

"노부나가 님은 도쿠가와 님을 버린 것이다."

어느 쪽이 정답일까? 도쿠가와는 퇴각하는 노부나가의 눈에서 비정한 무언가를 봤다. 그리고 성을 바꾼 행위, 거점을 옮긴 행위에 대한 벌을 받는다고 생각했다. 도쿠가와가 마지막으로 노부나가를 보았을 때, 그 눈 속에는 그런 빛이 깃들어 있었다. 그러나 도쿠가와는 저항하지 않았다. 저항해도 소용이 없었기 때문이다. 결국 도쿠가와는 철저하게 기노시타 도키치로를 도왔고 도키치로가 몇 번이나 간청한 끝에야 비로소 물러났다. 오쿠보 히코자에몬은 당시 상황을 이렇게 기록했다.

"그때, 우리 주군(도쿠가와)께서 도와주지 않았다면 기노시타 도키치로는 목숨을 잃었을 것이다."

사실 도키치로는 그때까지 모르고 있던 도쿠가와의 또 다른 면을 보고 놀라지 않을 수 없었다.

'이 사람에게 이렇게 따뜻한 인정이 있다니……'

바로 그런 인정 때문에 도쿠가와의 가신들이 굳게 뭉치는 것이라는 생각이 들었다.

아사쿠라 요시카게는 우유부단한 무장이었다. 그는 모처럼 만난 기회를 물거품으로 만들었다. 즉, 후미를 맡은 도키치로 군을 습격하지 않은 것이다. 기노시타 도키치로는 구사일생으로 교토로 돌아왔고 노부나가는 도키치로의 손을 잡고 기뻐했다.

"사실, 후미를 맡아주신 분은 도쿠가와 님이십니다."

도키치로가 이렇게 보고하자 노부나가는 복잡한 표정을 지었다. 도쿠가와는 이때 와카사 국의 고하마로 나와 네고로다니, 하리하타, 구라마야마를 거쳐 교토를 지나 그대로 하마마쓰로 돌아왔다.

돌이킬 수 없는 실수

노부나가의 아사쿠라 공격은 이것으로 끝나지 않았다. 그는 아사쿠라에 대한 증오와 함께 매제인 아사이 나가마사에 대한 증오도 불태웠다.

그해 5월 9일, 노부나가는 아사쿠라와 나가마사를 공격하겠다고 선언하고 군사를 동원했다. 이번에는 나가마사의 고타니 성을 먼저 함락하고 이어서 아사쿠라 요시카게의 이치조다니 성을 함락하는 작전이었다.

노부나가는 아네 강 근처의 류가하나에 본진을 두었다. 그리고 나가마사 쪽에 있는 요코야마 성을 공격했다.

6월 27일, 도쿠가와가 5천 명의 군사를 이끌고 진영에 도착하자 노부나가는 기뻐했다. 이날은 매우 더웠다. 노부나가는 갑옷을 벗고 편안한 복장으로 의자에 앉아 있다가, 도쿠가와가 들어서자 벌떡 일어나 반갑게 맞이했다. 이 아네가와 전투에서 도쿠가와는 선봉을 자청했다. 그러자 지난번 아사쿠라 공격에서 후미를 맡았던 기노시타 도키치로도 선봉을 희망했다. 도쿠가와는 도키치로를 보았고 도키치로도 도쿠가와를 바라보았다. 노부나가는, 두 사람 사이에 말없이 흐르는 느낌을 보고 이렇게 말했다.

　"도키치로의 부하 중엔 아직 믿을 수 없는 오미 국 출신들이 많아. 일단 도쿠가와 님에게 맡기기로 하지."

　노부나가의 가신들이 일제히 이의를 제기했다. 동맹자인 도쿠가와에게 위험한 첫 출전을 맡길 수는 없다는 의견이었다.

　"닥치지 못할까, 어리석은 것들! 내가 왜 도쿠가와 님에게 첫 출전을 맡기는지 그 이유를 알기나 하느냐?"

　이 일에 대해 말년의 오쿠보 히코자에몬은 『미카와모노가타리』에 이렇게 기록했다.

"노부나가 님은 우리 주군의 체면을 세워주려 했던 것이다."

어떤 일이든 냉정하게 판단하는 오쿠보의 말이니까 사실인지도 모른다. 노부나가도 지난번 공격에서 도쿠가와를 호쿠리쿠에 남겨두고 떠났다는 점에 어느 정도 죄의식과 책임을 느꼈을 것이다.

아네가와 전투는 도쿠가와의 분투에 힘입어 노부나가의 승리로 끝났다. 그러나 '동해 제일의 명궁'으로 이름이 드높던 도쿠가와는 그 직후에 큰 실패를 맛보게 된다. 미카타가하라에서다.

사실 미카타가하라 전투는 도쿠가와가 저돌적으로 밀어붙이지 않았다면 발생하지 않았을 싸움이다. 서쪽으로 진군 중이던 다케다 신겐은 하마마쓰 성에서 멀리 떨어진 북쪽을 통과하고 있었다. 다케다 신겐은 도쿠가와 따위는 신경도 쓰지 않았다. 그냥 내버려두어도 손끝 하나 까딱하지 못할 존재라는 식으로 가볍게 보고 있었다.

그러나 노부나가는 다케다 군의 진격에 대비하여 자신의 무장들과 군사 수천 명을 하마마쓰 성으로 파견하면서 이렇게 못을 박았다.

"절대로 이쪽에서 먼저 공격을 하면 안 된다. 도쿠가와 님에게도 이 말을 분명히 전해라."

그런데도 도쿠가와는 그 말을 무시했다.

"설사 성의 북쪽을 통과한다고 해도 미카타가하라는 하마마쓰 성의 앞마당과 같은 곳이다. 자기 집 앞마당을 마음대로 지나가는 녀석이 있는데 잠자코 있을 주인이 어디에 있겠는가."

그렇게 주장하면서 다케다 군을 공격했고 비참하게 패했다.

그날 밤, 도쿠가와 군이 야간에 습격하여 다케다 군에 큰 손해를 끼쳤다는 설이 있지만 이것은 지어낸 이야기인 듯하다.

노부나가는 이 패배에 발을 구르며 원통해했다.

"도쿠가와, 이 멍청한 녀석. 대체 무슨 짓을 한 거야! 내가 파견한 무장들도 모두 한심한 녀석들뿐이야. 왜 도쿠가와를 말리지 않은 거야!"

도쿠가와는 돌이킬 수 없는 실수를 한 것이다. 결국 이번에도 형보다 나은 아우는 없다는 결과를 낳았다.

도쿠가와는 위선자?

도쿠가와는 사람의 불행에 대해 독특한 사고방식을 가지고 있었다.

"아무리 괴로운 경험을 하더라도 그것을 세상에 대한 적대감으로 돌리면 안 된다."

즉, 자신이 불행한 과거를 보냈다고 해서 그 불행한 과거를 빌미로 세상에서 보상을 받으려 하면 안 된다는 뜻이다. 이것은 노부나가도 마찬가지였다. 노부나가의 성격으로 볼 때, 그런 요구는 남자답지 않은 것이고 비겁한 행위라고 생각했기 때문이다. 하지만 노부나가가 본 도쿠가와에게는 그런 면이 있었다. 그렇기에 계속 실수를 저지르는 것이라고 생각했다.

도쿠가와는 그런 마음은 털끝만큼도 없다고 주장하면서 과거의 불행 따위는 이야기하지 않고 지극히 평범하게 자란 것처럼 행동했지만, 소년 시절에 어머니에게 미움을 받고 소외당한 경험이 있는 노부나가는 도쿠가와의 그런 태도를 수상쩍게 생각했다. 노부나가의 마음속에는 사람들을 믿지 못하는 불신감이 짙었다.

도쿠가와의 과거는 어두웠다. 그의 할아버지인 마쓰다이라 기요야스가 부하에게 살해당하면서 소년 도쿠가와의 불행은 시작되었다. 기요야스의 아들, 즉 도쿠가와의 아버지인 마쓰다이라 히로타다는 가문을 물려받았을 때 겨우 13세였기 때문에 즉시 운명의 파도에 휩싸였다. 마쓰다이라 가는 결국 이마가와 가의 휘하로 들어갔다. 소년 도쿠가와는 인질로 이마가와 가로 보내졌는데, 노부나가의 아버지 오다 노부히데가 그를 다시 돈을 주고 샀다.

이윽고 이마가와 요시모토의 스승이었던 다이겐 세쓰사이가 노부히데 쪽의 안조 성을 공격했다. 안조 성을 지키는 장수는 노부나가의 형인 오다 노부히로였다. 성을 함락한 다이겐 세쓰사이는 노부히로를 생포해 노부히데에게 도쿠가와와 바꾸자고 제안했다.

이렇게 해서 2년 동안 오다 가에서 인질로 지냈던 도쿠가와는 이번에는 이마가와 가의 인질이 되어 슨푸로 갔다.

　이후 도쿠가와와 그 가신들이 맞본 고통은 말로 표현할 수 없을 정도였다. 그러나 도쿠가와와 가신들은 그 고통을 공유하며 굳게 뭉쳤다. 그런데 노부나가가 보기에 문제는 그런 것이 아니었다. 도쿠가와와 그 가신들이 자신들이 당한 고통을 세상에서 보상받으려 한다는 점, 과거를 미화시키려 한다는 점이 문제였다.

　노부나가는 도쿠가와가 모든 일에 집착을 보이는 이유는 그 때문이라고 생각하고 있었다. 돈에 팔린 소년 도쿠가와가 노부히데의 인질로 있던 시절, 노부나가는 도쿠가와를 주시하고 있었다. 도쿠가와는 새를 좋아했지만 구관조는 싫어했다.

　"자기 목소리는 없이 다른 새 흉내나 내는 새는 싫어."

　이것이 도쿠가와가 구관조를 싫어하는 이유였다. 노부나가는 그 말을 듣고, 재미있는 소년이라고 생각했다. 그러나 인질 도쿠가와는 노부나가에게 그다지 강인한 인상을 주지는 않았다.

　'도쿠가와는 인질이었을 당시의 자기 모습을 내게 들킨

것이 아닌지 염두에 두고 있는 거야.'

노부나가는 그렇게 느꼈고 그 직감이 맞을 것이라고 생각했다. 그렇기 때문에 도쿠가와는 자신의 어두운 과거를 떨쳐버리기 위해 매사에 집착하는 것이라고 판단했고 그 점이 마음에 들지 않았다. 어째서 과거를 잊고 새로운 인생을 만들지 못하는 것인지 이해할 수 없었다.

하지만 그런 노부나가의 생각을 도쿠가와가 읽는 것은 무리였다. 도쿠가와는 나름대로 노부나가와는 근본적으로 다른 환경에서 자랐다고 생각하고 있었다. 노부나가의 아버지 노부히데는 상당한 실력자였다. 돈도 많았다. 그러니까 지방 호족인 도쿠가와와는 비교가 되지 않았다. 어린 시절부터 무엇이든 하고 싶은 대로 하면서 자란 노부나가와 무슨 일에든 다른 사람의 눈치를 보고 지배를 받으며 자란 자신은 상대가 되지 않는 것이다. 노부나가는 슬픔이 밴 자신의 처지를 결코 이해하지 못할 것이라고 생각했다. 아무리 다른 무장들이 두 사람의 동맹을 '전국시대의 미담'으로 미화시킨다 해도 도쿠가와 자신은 그렇게 생각할 수 없었다.

'노부나가 님과 나 사이에는 우리 둘만의 비밀스러운 감

정이 흐르고 있어.'

도쿠가와는 그렇게 생각했다.

그러나 노부나가는 과거의 불행을 겉으로 드러내지 않는 도쿠가와를 위선자라고 생각했다. 도쿠가와에게는, 그의 진심을 건드리는 말을 하면 절대로 그렇지 않다고 부정하는 묘한 자격지심 같은 것이 있었다. 그것은 사실이었다. 그렇기 때문에 도쿠가와는 노부나가를 더욱 무서운 존재로 느꼈다.

처자식의 살해는 보복의 절정

또 한 가지, 도쿠가와가 노부나가에게 신경을 썼던 점은 노부나가의 강한 자존심과 지기 싫어하는 성격이었다. 이것은 노부나가의 콧대가 높아서만은 아니었다. 노부나가가 같은 시대를 살았던 사람들 사이에서 뛰어난 인물인 것은 사실이기 때문에 그런 사고방식을 가질 수밖에 없었다. 보통 사람이라면 자신의 능력이 뛰어날수록 겸허한 행동을 한다. 그러나 노부나가는 절대로 그렇게 하지 않았다. 외국인 선교사를 비롯하여 노부나가를 만난 사람들은 한결같이 이렇게 말했다.

"그는 자존심이 강해서 부하와 이야기를 나눌 때에도 매우 거만했다. 부하는 부탁을 할 때에도 그의 집에는 함부로 들어갈 수 없었다. 마당이나 길에 무릎을 꿇고 엎드려 머리를 조아린 채 부탁했다……."

그렇게 자존심이 강했던 노부나가가 에치젠 국의 아사쿠라 가를 공격했을 때에는 적 앞에서 도망치는 꼴을 보였다. 노부나가에게는 참을 수 없는 경험이었다. 더구나 노부나가 군을 구한 것은 기노시타 도키치로와 동맹자인 도쿠가와였다. 또, 아네가와 전투에서 실질적으로 승리를 안겨준 것도 도쿠가와 군이었다. 노부나가 군은 아사쿠라와 나가마사의 연합군에 한때 본진을 돌파당했다. 이것도 노부나가에게는 모욕적인 경험이었다.

도쿠가와는 나가시노 전투에서 이 두 사건에 대한 보복을 당했다고 생각했다. 그때 구원을 요청받은 노부나가 군은 평상시라면 하루 만에 도착할 수 있는 거리를 사흘에 걸쳐 느릿느릿 행진했다. 도쿠가와 쪽에서 보면 나가시노 성 함락이 시간 문제였기 때문에 매우 위급한 상황이었다. 그러나 노부나가는 여유 있게 도쿠가와의 옛 거점인 오카자키 성으로 들어가 그곳에서 부하들에게 통나무와 밧줄을 짊어지게 하고 느릿느릿 행진했다. 노부나가의 부하들조차도 왜 이렇게 느긋한지 이해할 수 없다고 속삭일 정도였다.

물론 이때 부하들에게 가져가게 한 통나무와 밧줄이 일종의 방어선 노릇을 했고 3천 명의 소총부대가 위력을 발휘하여 다케다 군은 궤멸 상태에 이르렀다. 이것은 완전한 노부나가의 승리였다. 그러나 도쿠가와는 노부나가가 일부러 느릿느릿 행진을 한 이유는, 이것은 자신의 전투가 아니라 도쿠가와의 전투라는 점을 강조하려는 의도라고 생각할 수밖에 없었다. 즉, 노부나가가 무슨 일이든 좀 더 확실하게 처리하는 방법을 배우라는 일종의 경고를 한 것이라고 생각했다. 한편으로는 강적인 다케다 신겐의 사망으로 어느 정도 여유가 생겨서였는지도 모른다. 그러나 그것만은 아니라고 생각했다.

'노부나가 님은 아직도 내게 보복을 하고 있는 거야.'

그 보복의 절정이 도쿠가와의 본처인 쓰키야마와 장남인 노부야스를 살해하라는 명령이었다. 권력 면에서 눌려 있던 도쿠가와는 어쩔 수 없이 노부나가의 지시를 따랐지만 항상 마음이 개운치 않았다. 도쿠가와는 시간이 흐를수록 노부나가에게서 '광기'를 엿보게 된다. 쓰키야마와 노부야스를 살해하도록 지시한 것은 바로 그런 광기가 아니었을까?

이가에서 운명을 시험하다

덴쇼 10년(1582), 도쿠가와는 노부나가와 협력하여 가이 국의 다케다 가쓰요리를 섬멸했다. 그러나 이때 노부나가는 출전하지 않고 거의 모든 일을 아들인 노부타다에게 맡겼다. 이 또한 능력 있고 가정 교육도 잘 받았다는 칭찬이 무성했던 도쿠가와의 장남, 자살한 노부야스에 대한 대항심 때문이었는지도 모른다.

'내 아들 노부타다도 그 정도 능력은 있다.'

그래서 자신의 아들을 내세우려 했던 것인지도 모른다.

노부나가는 전후 처리를 위해 오미 국에 다녀왔는데 이 때 도쿠가와에게는 스루가 국을 넘겨주었다. 그 인사를 하기 위해 노부나가의 아즈치 성을 찾아가자, 노부나가는 기분이 꽤 좋은 상태로 도쿠가와를 맞이했다.

"지금 하시바 히데요시(도요토미 히데요시) 님의 부탁을 받고 주고쿠 쪽으로 출전하려던 참입니다. 서쪽이기 때문에 도쿠가와 님은 참가할 필요가 없으니 이곳저곳 구경이나 하십시오."

도쿠가와는 그 말을 따랐다.

이때 혼노지本能寺의 변이 발생하여 노부나가는 아케치 미쓰히데에게 살해되었다. 도쿠가와는 급히 이가의 산맥을 넘어 이세로 나와 그곳에서 배를 타고 미카와 국으로 귀환했다. 그는 산을 넘는 도중에 이렇게 생각했다.

'만약 이 험준한 고개를 넘을 수 있다면 나는 노부나가 님에게 느꼈던 굴욕감을 모두 씻어버릴 수 있어. 하지만 넘지 못한다면 나는 평생 노부나가 님의 부하로만 존재했다는 결론을 남기게 돼. 운을 하늘에 맡기자.'

하늘은 도쿠가와 편이었다. 도쿠가와는 무사히 이가의 고개를 넘었다. 그리고 그 후 천하를 움켜쥐게 된다. 이가의 험준한 고개를 넘어 이세의 바다를 보았을 때, 도쿠가와는 마음이 확 트이며 무엇인가가 시원스럽게 내려가는 듯한 느낌을 받았다. 그것은 오랜 세월 노부나가에게 억눌려 있던 응어리였다.

"사람의 일생은 무거운 짐을 짊어지고 먼 길을 걸어가는 것과 같기 때문에 절대로 서두르면 안 된다."

이 말에 나오는 '무거운 짐'이 완전히 제거된 것이다. 도쿠가와 쪽에서 볼 때 무거운 짐은 노부나가였다. 하지만 그 짐이 제거된 순간, 도쿠가와는 그토록 무겁게 느껴졌던 짐에 그리움과 애착을 느꼈다. 동시에 자신이 그동안 의지해 왔던 거대한 나무가 갑자기 사라져버린 듯한 공허함을 맛보았다.

3장
사람을 알아야 사람을 부릴 수 있다

도쿠가와가 사람의 심리에 정통하게 된 이유

교묘한 파벌 만들기

원교근공遠交近攻의 인간관리 방법

효과가 없었던 히데요시의 파벌 만들기

흔히 정치가의 필수조건으로 '세력' '재력' '정책'을 꼽는다.

도쿠가와 시대에도 마찬가지였다. 한 사람에게 이 세 가지 조건이 모두 갖추어져 있다면 바랄 나위가 없겠지만 그런 경우는 드물다.

민중에게 가장 중요하고 필요한 부분은 '정책'이다. 하지만 실현 능력이 따라주지 않는 정책은 그림의 떡일 뿐이다.

실현 능력은 그 정책을 지지하는 사람이 얼마나 많으냐

에 달려 있다. 여기에서의 지지자는 민중이 아니라 부하인 다이묘다. 지지하는 다이묘가 부족하면 능력을 발휘할 수 없다.

그래서 패권자들은 '파벌'을 만들었다.

노부나가, 히데요시, 도쿠가와 세 명 중에서 파벌 만들기에 가장 광분했던 사람은 히데요시. 출신 성분이 나쁜 데다 이례적으로 빠른 출세 때문에 그럴 수밖에 없었다.

히데요시가 파벌을 만든 방법 중 한 가지는 요즘과 비슷해서 양자를 들이거나 혼인으로 친척 관계를 맺는 것이었다.

여기에 사성賜姓과 사명賜名이 첨가됐다. 권력자가 자신의 성이나 이름을 마음에 드는 사람에게 주는 것이다.

그는 이름 쪽에 비중을 두어 '히데요시'라는 이름은 아무에게나 주지 않았다. 동생인 히데나가 같은 친족 이외에는 도쿠가와의 아들인 히데야스, 히데타다, 오다 노부나가의 아들인 히데카쓰, 모리 데루모토의 양자인 히데모토 등 극소수에 지나지 않는다.

하지만 성을 내려준 인물은 엄청나게 많다.

덴쇼 16년(1588) 4월 15일, 마침 고요제이 천황이 히데요

도요토미 히데요시의 영정(고다이지高臺寺 소장)

도요토미 히데요시豊臣秀吉, 1537~1598

노부나가는 일본을 평화롭게 만드는 데에 방해가 되는 모든 낡은 가치관을 파괴했고, 히데요시는 노부나가가 파괴한 황무지에 새로운 일본을 건설했으며, 도쿠가와는 그것을 영원히 유지하기 위해 노력했다.

시의 집을 방문했다. 이날 히데요시는 모든 다이묘에게 천황과 자신에 대한 충성을 맹세하는 서약서를 제출하라고 지시했는데 서약하는 다이묘들에게 각각 '도요토미'라는 성을 내려주고 그 성을 사용하도록 했다.

이 서약서는 천황에 대한 충성보다는 자신에 대한 충성을 강요한 것이었다. 이날 도요토미라는 성을 받은 다이묘는 우키타 히데이에 이하 27명이었다.

그 후 분로쿠 4년(1595) 7월, 히데요시는 다시 다이묘들에게 자신의 아들 히데요리에게 충성을 맹세하는 서약서를 쓰라고 지시했다.

이번에는 서명란에 '하시바'(히데요시의 옛 성)라는 성을 쓰게 했다.

'도요토미라는 성은 나와 내 가족만 사용해야 해. 그렇게 하지 않을 경우, 군신 간에 경계가 없어지거든.'

이런 생각 때문이었다. 그러나 히데요시의 이런 생각은 누구나 쉽게 간파할 수 있었다. 그런 만큼 어차피 끝까지 지킬 필요는 없다는 계산하에 일부를 제외한 28명의 다이묘들이 순순히 서명했다.

이때, 도쿠가와도 하시바라는 성을 사용해서 서명했지만 그 자리에 모인 대부분의 다이묘들이 그 서약을 지키지 않을 것이라고 판단, 코웃음을 치고 있었다.

히데요시는 사망하기 직전까지 부하들에게 서약서를 쓰라고 지시한 인물인데 지시와 강요 때문에 작성된 서약서가 지켜질 리 없다. 결국 그들은 모두 히데요시에게 등을 돌리게 된다.

그렇다면 도쿠가와는 어떤 식으로 파벌을 만들었을까?

자신을 싸구려 취급 하지 않은 남자

출신 성분이 나쁜 히데요시는 세력이 없었다. 그래서 재력을 이용해 파벌을 만들었다. 그는 다이묘들뿐 아니라 귀족들에게도 돈을 뿌렸다. 그렇게 파벌을 만들면서도 늘 불안해했다. 돈으로 만든 인간관계가 얼마나 허약한 것인지 잘 알고 있었기 때문이다.

'세력'은 배후에 장로격인 실력자가 있어야 구성된다.

도쿠가와는 이 시대의 실력자들이 모두 초라하다는 사실을 잘 알고 있었다.

'정책'은 도쿠가와의 독무대다. 그는 시대를 앞서가는 선견지명과 사람의 심리를 읽는다는 점에서 어느 누구에게도 뒤지지 않았다. 히데요시의 참모인 이시다 미쓰나리 따위는 명함도 내밀지 못할 정도로 우수한 정책을 내놓을 수 있었다.

또 '재력'도 풍부했다. 즉, 도쿠가와는 세 가지 조건을 모두 갖추고 있었다.

어떤 세계에서도 마찬가지지만 인간 사회에는 반드시 수요와 공급 간에 균형이 필요하다. 그리고 수요자 위치에 서느냐, 공급자 위치에 서느냐에 따라 큰 차이가 발생한다. 어떤 경우에도 욕심을 부리는 쪽이 약하게 되어 있다.

그것은 물건이 아닌, 사람의 마음이라는 눈에 보이지 않는 차원에서도 마찬가지다.

이런 말이 있다.

"사람은, 자신을 생각해주는 사람에게는 신경 쓰지 않고 자신을 생각하지 않는 사람에게는 신경을 많이 쓴다."

즉, 자신을 알아주고 원하는 사람은 외면하고 자신에게 전혀 신경을 쓰지 않거나 무시하는 사람에게는 다가간다는 뜻이다.

도쿠가와는 인간의 이런 심리를 멋지게 활용(악용?)했다.

그도 혼인과 '사성' 정책을 이용해서 파벌을 만들었지만 엄격하게 선택한 사람에 한해서였다. 히데요시처럼 자주 이용하지는 않았다.

충성심을 비싼 값에 얻은 히데요시, 싼 값에 얻은 도쿠가와

말을 바꾸면, 도쿠가와는 자신을 싸구려 취급 하지 않은 사람이었다. 그는 항상 자기 자신에게 비싼 값을 매겼다. 그것이 가능했던 이유는 세 가지 조건을 모두 갖춘 그를 매수하려는 사람이 많았기 때문이다. 다이묘들 쪽에서 먼저 도쿠가와의 신뢰를 얻고 싶어 했다. 그렇기 때문에 다이묘들은 자신들의 충성심을 앞다투어 팔려고 노력했다.

"저의 충성심은 다른 다이묘들과 전혀 다릅니다. 품질도 좋고 가격도 싸니까 시험해보십시오."

이런 식으로 앞다투어 자신을 광고한 것이다. 충성심 바겐세일이다.

그러니 도쿠가와는 직접 시장에 나갈 필요도 없이 충성심을 팔기 위해 찾아오는 세일즈맨들을 평가하고 마음에 들지 않으면 물리쳐버렸다. 마음에 든다 해도 그들이 원하는 가격에는 사지 않았다.

"조금 깎아주게."

"그럼 이 가격은 어떻습니까?"

다이묘들은 손해를 감수하고 자신의 가격을 깎는다.

"그래도 비싸."

"그렇다면 이 가격이면 어떻겠습니까?"

이미 원가를 밑도는 가격이지만 눈물을 머금고 미소를 띠며 자신의 충성심을 팔기 위해 애걸한다. 그제야 도쿠가와는 그의 충성심을 매입한다. 터무니없이 싼 가격에…….

히데요시는 자신을 팔아 다이묘들의 충성심을 사려고 했지만, 도쿠가와는 가능하면 자신을 팔지 않고 그것을 손에 넣었다. 이것은 경영자로서, 히데요시와 도쿠가와의 실력 차이라고 말할 수 있다.

도쿠가와는 그때까지 충성스러운 부하를 꽤 많이 데리고 있었다. 그들의 충성심만으로도 여유가 있었기 때문에 믿기 어려운 다이묘들의 충성심 따위는 필요하지 않았다.

도쿠가와 파벌에 참가하고 싶은 다이묘들에게는 이 충신들이 두터운 장벽으로 작용했다. 우선은 이 장벽부터 통과해야 했기 때문이다.

도쿠가와는 여유 있게 인물을 가려서 선택할 수 있었다. 인간관계에서 이것은 매우 큰 차이를 가져온다.

선택과 억제의 명인

엄격한 기준을 적용하기는 했지만 한편으로는 도쿠가와가 직접 나서서 자신의 파벌로 영입한 인물도 있다.

혼인을 맺은 가문은 도요토미 가를 비롯해 마에다, 다테, 모리, 이케다, 가토, 후쿠시마, 아사노, 하치스카, 구로다, 야마노치, 호소카와, 아리마 등이다. 모두 도요토미 히데요시에게 충성을 맹세했던 다이묘들이다.

'사성'에서는 '마쓰다이라'라는 성을 내려주었다. 이미 수많은 친족과 공신에게 내려주었지만 그 범위를 다이묘들에게로 확장한 것이다. 이 성을 받은 다이묘로는 마에다, 시마즈, 다테, 모리, 이케다, 하치스카, 구로다, 가모, 야마노치, 호리, 나카무라 등이 있다.

이들의 면면을 보면 혼인을 맺은 자들과 꽤 많이 겹친다. 더구나 일찍이 히데요시라는 이름을 사용하거나 하시바라는 성을 사용한 자들도 있다. 도쿠가와가 보기엔 우스운 일이 아닐 수 없었다.

도쿠가와라는 성도 꽤 많이 내려주었지만 마쓰다이라라는 성과 비교하면 매우 적은 수였다.

이것이 히데요시와 근본적으로 다른 점이다. 도쿠가와라는 성만은 친족과 특별한 관계 이외에는 절대로 부여하지 않았다. 그만큼 소중하게 여겼던 것이다. 동시에 도쿠가와라는 성은 권위의 표상이기도 했다.

그리고 선택 기준은 오히려 친족에게 더 엄했다. 간토 지방의 8개국을 다스리려고 에도로 들어갔을 때 도쿠가와가 다이묘로 등용한 인물들은 '삼걸三傑'과 '사천왕'이라고 불리는 가신들로, 친족이 아니었다.

미카와의 산속에서 평야로 진출하여 도쿠가와 가를 창업한 마쓰다이라 집안은 이때 상당히 도태되어 있었다. 마쓰다이라 집안 인물 18명 중에서 간토로 영입, 등용된 사람은 5명에 지나지 않는다. 그 후 도쿠가와 파벌의 주력은 도쿠가와의 자식과 다이묘들로 이루어진다.

그런 의미에서 볼 때, 도쿠가와는 선택과 억제의 명인이었다고 말할 수 있다. 그는 선택받은 자와 선택받지 못한 자를 분명하게 구분했다.

당연히 다툼이 일었고 불만이 쌓였다.

하지만 그것은 도쿠가와에 대한 불만이나 반항심이 아니었다. 선택받은 자에 대한 적대감이었다. 이것이 다음에는 반드시 선택받아야겠다는 오기를 불러일으켰고 그것은 도쿠가와에 대한 충성심으로 표현되었다. 다이묘들은 개 경주에서 뛰는 개가 되었던 것이다.

도쿠가와 이에야스의 파벌 만들기는 가까운 자보다 먼 자를 선택하여 가까운 자의 질투심을 일으킨다는, 사람의 약점을 확실하게 간파한 교묘한 것이었다. 이런 관리가 260년에 걸친 도쿠가와 주식회사의 기초가 되었다.

무학무필을 가장한 지자 知者

우수한 두뇌를 자유자재로 다룬 '너구리 영감'의 참모습

시 따위는 아무런 도움이 되지 않는다

"도쿠가와 이에야스는 무학무필 無學無筆이었다."

이런 말을 하는 사람이 있지만 결코 그렇지 않다.

소년 시절의 그는 철저할 정도로 열심히 공부했다. 하기 싫어도 할 수밖에 없었다. 6세부터 19세까지 13년 동안 인질로 생활했기 때문이다.

특히 슨푸의 이마가와 가에서 인질로 생활한 10여 년 동안은 매일 학문을 가르치는 스님이 있었다. 도쿠가와는 이

스님에게 당시의 일반적인 수준을 훨씬 뛰어넘는 학문을 배웠다.

후에 도쿠가와의 시의侍醫는 일기에 이런 기록을 남겼다.

"도쿠가와 님은 학문을 매우 좋아했다. 하지만 시나 와카*는 매우 싫어했다. 『논어』『중용』『사기』『한서』『육도』『삼략』『정관정요』를 자주 읽었고 일본 서적으로는 『아즈마카가미吾妻鏡』를 즐겨 읽었다. 도쿠가와 님이 좋아했던 역사 인물은 일본에서는 미나모토노 요리토모, 중국에서는 문왕, 장량, 한신, 태공망 등이다."

이 문장은 도쿠가와의 학문과 사상을 잘 알려주고 있다. 빠진 부분이 있다면 도쿠가와 막부를 발족시킨 뒤에 학자로 중용한 하야시 라잔이 추천해준 『맹자』 정도일 것이다.

인질 시절의 도쿠가와에게 학문을 가르친 스님은 다이겐 세쓰사이다. 스님이면서도 전쟁을 좋아하여 이마가와 요시모토의 군사軍師였던 세쓰사이는 때로는 직접 무장을

---

* 和歌. 일본 고유 형식의 시로 초카長歌, 단카短歌, 세도카旋頭歌 따위의 총칭. 특히 5·7·5·7·7 형식의 5구 31음의 짧은 시인 단카를 가리킴.

하고 전쟁을 지휘, 노부나가의 아버지인 오다 노부히데를 물리친 적도 있고 그 아들인 안조 성 성주 노부히로를 생포한 적도 있는 인물이다.

그는 원래 시즈오카에 있는 큰 절의 주지였는데 후에 교토의 묘신지妙心寺 주지가 된 고승이다. 전쟁을 좋아했던 것은 일종의 장난기였던 듯하다.

세쓰사이가 심혈을 기울여 이끈 인물은 이마가와 요시모토가 아니라 인질, 즉 적국의 인물인 도쿠가와였다. 요시모토가 가축으로 표현한 도쿠가와에게 세쓰사이는 이런 말을 자주 해주었다.

"너는 늑대다. 그러니까 언젠가 황야로 돌아가라."

그는 도쿠가와의 야성을 일깨워주었던 것이다.

모략의 출발점과 실학 중심주의

이윽고 도쿠가와는 이마가와 우지자네를 섬멸하고 독립한다. 그뿐 아니라 천하까지 손에 넣는다. 거기에 이르기까지 학문적 기초는 대부분 이 시절에 세쓰사이에게서 배웠다.

청년이 된 이후에는 전쟁하느라 바빴기 때문에 책 따위는 읽을 틈이 없었다. 그러니까 앞에서 시의가 거론한 책은 대개 이 시절에 읽은 것이다.

일반적인 교양서적 이외에 모략, 정보, 첩보 활동 등을 다룬 『육도』나 『삼략』 등도 포함되어 있다는 것은 전쟁을 좋아한 스승 세쓰사이 자신이 애독한 책이었기 때문인 듯하다. 나중에 '너구리 영감'이라고 불리게 되는 도쿠가와의 모략성도 이 시절에 배양되었다.

모략을 구사하려면 상당한 끈기가 필요한데 그 끈기도 이 시절에 배웠을 것이다.

"사람의 일생은 무거운 짐을 짊어지고 먼 길을 걸어가는 것과 같기 때문에 절대로 서두르면 안 된다."

도쿠가와가 했다는 이 유명한 말도 이 시절에 세쓰사이에게서 배운 것이라고 생각할 수 있다. 어려운 환경 때문에 자칫하면 초조해지기 쉬운 소년 도쿠가와에게 세쓰사이는 이렇게 가르쳤다.

"사람이 무슨 일을 하려면 '시기'라는 것이 필요하다. 지금의 네게는 아직 그런 시기가 찾아오지 않았어. 그러니까 참고 기다려라. 참고 기다리면서 시기가 찾아왔을 때에 당황하지 않도록 학문을 익혀두어야 해."

도쿠가와가 이런 '인내심'을 익힌 것도 세쓰사이에게서 배운 커다란 수확이라고 말할 수 있다.

도쿠가와가 시나 와카를 싫어했다는 것은 재미있는 일이다. 그런 것은 한가한 사람들이 시간을 때우기 위해 하는 짓일 뿐, 이 세상에는 아무 도움도 되지 않는다고 생각한 것이다.

물론 그런 생각이 옳다고 단정할 수는 없다. 현대사회에서도 마찬가지다.

"기업인은 본업 이외에 폭넓은 취미를 가져야 한다. 그렇지 않으면 유대 관계를 넓혀갈 수 없기 때문이다."

이런 말도 있으니까 도쿠가와의 이런 사고방식에는 비판도 따를 수 있다. 어쨌든 도쿠가와의 실학 중심주의가 '도쿠가와는 무학무필이다'라는 소문을 낳았는지도 모른다.

전국시대 하극상의 이념인 '방벌론'

『정관정요』는 제왕학이다. 그것도 덕이 높은 왕이 실행한 정치 매뉴얼이다. 중국에서는 고대 주나라 왕인 무왕武王이나 문왕文王이 이에 해당한다고 한다.

그리고 그런 정치가 가능하게끔 뒷받침해준 인물이 태공망이다. 주나라의 문왕은 태공망을 참모로 삼으려고 몇 번이나 그를 찾아갔다. 문왕조차도 훌륭한 참모를 얻기 위해 이름도 없는 인물에게 그렇게까지 최선을 다했던 것이다.

이 문왕이 공격한 대상이 은殷나라의 주왕紂王이다. 그 시절의 문왕은 아직 왕이 아니었고 주왕의 가신이었다. 그렇기 때문에 문왕의 행위는 '역적 행위 아닌가'라는 문제를 낳았다. 그러나 맹자는 이렇게 주장했다.

"그렇지 않다. 왕이 덕을 잃으면 그것은 이미 왕이 아니라 한낱 필부다. 그렇기 때문에 문왕은 왕이 아닌 필부를 살해한 것이다."

이것이 그 유명한 '방벌론放伐論'이다.

부하가 상사를 쓰러뜨린다는, 특히 최고 권위자를 쓰러

뜨린다는 전국시대의 '하극상'은 모두 이 방벌론에 따른 것이다.

일본 전국시대의 무장들이 나라를 차지하기 위해 벌인 싸움이 어딘가 스포츠 같은 분위기를 풍기는 이유는 이런 이론이 적용되었기 때문이다. 모리 모토나리가 자신의 주군을 살해한 것도, 아케치 미쓰히데가 오다 노부나가를 죽인 것도 모두 이 방벌론의 실현이다.

그리고 이 경우의 '덕'은 단순한 인덕이 아니라 '경영 능력'이라고 보아야 한다. 즉 사업을 하여 종업원의 생활을 보장하는 능력이다. 전국시대의 하극상은 경영 능력을 잃은 최고경영자를 몰아낸 것이라고 말할 수 있다.

무사의, 무사에 의한, 무사를 위한 정권 수립

그와 비슷한 일은 현대사회에서도 실현되고 있다. 그리고 반드시 이론적 차이가 발생한다.

"능력 없는 경영자가 물러나지 않는 것은 집착과 미련

때문이다."

쫓는 쪽 주장이다. 그러나 쫓기는 쪽에서도 할 말은 있다.

"나는 아직 충분한 경영 능력이 있다. 그런데도 쫓는 녀석들은 내게 그런 능력이 없다고 주장한다. 이것은 권력을 장악하기 위한 음모다."

전국시대에도 마찬가지였다. 전국시대의 투쟁은 모두 이런 흐름으로 일관되어 있다.

도쿠가와 이에야스는 이런 흐름 속에서 살았고 마침내 권력을 쟁취했다.

그 후 도쿠가와는 『아즈마카가미』를 읽는다. 『아즈마카가미』는 일본 최초의 무가 정권인 가마쿠라 막부의 공식 기록이다. 무사 정부의 기록인 것이다.

도쿠가와가 지향했던 것은 '무사의, 무사에 의한, 무사를 위한 정권 수립'이었다. 무사가 주도하는, 무사의 행복을 우선 생각하는 사회체제를 실현하는 것이었다.

그렇기 때문에 무사보다 상위에 존재하는, 또는 하위에 존재하는 대상에 대해서는 그다지 신경 쓰지 않았다. 그들이 불행해지더라도 크게 마음을 기울이지 않았다.

도쿠가와가 여러 가지 규정을 정하여 천황이나 그 밑의 귀족을 단순히 일본 옛 문화 유지자의 위치로 떨어뜨린 사실은 잘 알려져 있는데 이것은 메이지유신까지 이어진다.

그렇게 할 수 있게 이론을 정리한 인물은 도쿠가와 그 참모였던 하야시 라잔이다.

천황은 주권자인가 아닌가

하야시 라잔을 참모로 삼을 때, 도쿠가와는 그에게 이런 질문을 던졌다.

"나는 대체 무엇인가?"

"무슨 말씀이십니까?"

"내가 패권자인지 왕인지를 묻는 것이야."

이 질문에 라잔은 태연한 표정으로 대답했다.

"왕입니다."

"그래? 내가 왕이라면 교토에 있는 천황은 무엇인가? 천황은 왕이 아니라는 말인가?"

"그렇습니다. 일본의 왕은 남북조시대에 망했습니다."

"......!"

도쿠가와는 깜짝 놀랐다.

'이 녀석, 무서운 말을 하는군.'

이렇게 생각했기 때문이다. 일본의 왕은 남북조시대에 망했다는 이 말은 바로 도쿠가와의 생각이었다.

한 나라에 두 개의 정부, 두 명의 주권자가 있어서는 모든 면에서 난처할 수밖에 없다. 도쿠가와가 막부를 만들며 가장 고민했던 것이 바로 이 문제다.

일찍이 주인공이었던 도요토미 가를 멸망시킬 수 있었던 것은 2대인 도요토미 히데요리에게 경영 능력이 없다는 이유가 성립했기 때문이다. 경영 능력은 반드시 숫자로 표현된다. 실적이 없으면 경영 능력도 인정받을 수 없다는 뜻이다. 인정을 내세우는 데에는 한계가 있다.

하지만 천황 문제는 그렇게 간단하지 않다.

"지금의 천황은 주권자인가, 아닌가?"

도쿠가와는 라잔에게 이런 질문을 던진 것이었고 라잔은 도쿠가와의 마음을 잘 읽고 있었다.

'이 너구리 영감의 속마음은 충분히 간파하고 있어. 이미 마음을 정해놓고 나를 내세워 이론화하려는 거야.'

천황의 주권이 남북조시대에 사라졌다는 사고방식은 그 후에 미토 미쓰쿠니가 『다이니혼시大日本史』라는 책에서 다시 강조한다. 그리고 아라이 하쿠세키가 이것을 확대한다.

그들은 공통적으로, '도쿠가와 막부가 유일한 일본 정부다'라고 주장했다. 간단히 말하면, 그렇지 않다고 주장하여 벌어진 일이 막부 말기의 존황운동尊皇運動이고 왕정의 부활이다.

'천황을 존경하지만 정권은 내게 있는 거야.'

이것이 도쿠가와의 속마음 아니었을까?

도쿠가와가 자신의 근거지를 에도로 정한 이유는 교토로 들어간 무사는 모두 멸망했다는 판단에서였다. 다이라 가도, 아시카가 가도 모두 교토에서 멸망했다. 하지만 미나모토노 요리토모로 시작되는 가마쿠라 정권은 교토로 가지 않았고 그렇기 때문에 장수할 수 있었다.

도쿠가와가 요리토모를 존경하고 그 기록인 『아즈마카가미』를 애독한 이유는 여기에 있다.

그러나 도쿠가와는 자신의 그런 의중을 직접 드러내지는 않고 참모진을 내세워 발표했다. 그것도 참모진의 의견으로. 실로 교묘하기 짝이 없다.

자신은 어디까지나 '무학무필'을 가장한 도쿠가와, 그야말로 최고의 지자知者가 아닌가.

조심성이야말로 장수의 비결

도쿠가와에게 배우는 최고경영자의 건강 관리법

천하의 패권자 세 명의 건강 관리법

이런 가요가 있다.

노부나가가 반죽하고 히데요시가 만든 천하라는 떡을 간단히 먹어버린 도쿠가와

오다 노부나가와 도요토미 히데요시가 고생하여 만든 '천하라는 떡'을 도쿠가와는 그야말로 손 하나 까딱하지 않

고 자기 것으로 만들어버렸다는 뜻인데 사실은 그렇지 않다.

생각하기에 따라서는 도쿠가와가 가장 위험한 모험을 했다고 말할 수 있다.

다만 이 세 명의 '패권자'는 각각 선배의 정책을 계승했다는 점을 간과할 수는 없다. 히데요시는 노부나가의 정책을, 도쿠가와는 히데요시의 정책을 꽤 많이 이어받았다.

대략적으로 말한다면 다음과 같은 역할 분담이 있었다.

— 노부나가는 옛 일본을 붕괴시켰다: 파괴.

— 히데요시는 새로운 일본을 만들었다: 창조, 건설.

— 도쿠가와는 그것을 정비, 장기화했다: 유지, 관리.

세 사람이 한 일과 그 건강법을 연결해보면 재미있는 사실을 알 수 있다. 지금도 큰 사업을 하는 최고경영자에게는 건강 관리가 매우 중요하다.

세 사람이 사망했을 때의 나이를 보면 다음과 같다.

— 오다 노부나가: 49세.

— 도요토미 히데요시: 62세.

— 도쿠가와 이에야스: 75세.

생전의 노부나가는 '인생 50년'이라는 말을 자주 사용했는데 그 말대로 그는 50세를 전후해서 세상을 떴다.

가장 장수한 사람은 도쿠가와로, 당시의 남성 평균 수명을 훨씬 웃돈다.

세 사람의 '건강법'을 살펴보면 다음과 같다.

― 오다 노부나가: 운동.

― 도요토미 히데요시: 온천 요양.

― 도쿠가와 이에야스: 매사냥과 의료 요법.

노부나가는 승마를 즐겼는데 단순히 육체 단련뿐 아니라 스트레스 해소에도 도움이 되었다. '파괴'를 목적으로 삼은 그의 빠르고 역동적인 건강법이다.

히데요시는 중요한 작전을 앞두면 반드시 온천을 이용했는데 특히 아리마의 온천을 자주 찾았다. 조용히 작전을 세우기에는 온천이 가장 좋았을 것이다.

도쿠가와는 사망하기 직전까지 매사냥을 즐겼는데 그에 대해 이런 말을 했다.

"보통 매사냥이라고 하면 한가한 놀이라고 생각하기 쉽지만 나의 매사냥은 좀 다르다. 산과 들을 빠른 속도로 달리다 보면 숨쉬는 것조차 힘들어진다. 그 정도로 열심히 몸을 움직이는 이유는 다리와 허리를 단련하기 위해서다. 여기에 한 가지 목적이 더 있다. 매사냥을 하면서 마을을 돌아다니다 보면 백성들의 생활상을 직접 살펴볼 수 있다는 점이다. 그것은 정치에 큰 참고가 된다."

그는 75세까지 매사냥을 했다.

그 밖에 승마, 수영, 무술 등이 도쿠가와의 건강법이었다. 승마는 말년에도 단 하루도 빼놓지 않았다. 그는 특히 조심성이 많아서 강을 건널 때에는 위험하다고 생각하면 아무리 얕은 여울에서도 반드시 말에서 내려 부하의 등에 업혔다. 그는 마술馬術과 검술의 명인이었다.

매사냥은 물론이고 수영과 검술도 전신 운동이다. 몸의 일부만 움직이는 운동이 아니다. 따라서 잠이 잘 오고 밥맛도 좋으며 몸이 지친 상태이기 때문에 지나친 성행위도 자제하게 된다고 도쿠가와는 표현했다.

내 몸은 내가 치료한다

말년에 이른 도쿠가와는 명의를 중시하게 되었는데, 자기가 기대했던 만큼의 치료 효과가 없을 경우에는 엄한 벌을 내렸다. 어느 유명한 의사는 유배까지 보냈다. 따라서 도쿠가와를 진찰하는 것은 목숨을 건 행위였다.

그런 한편 그는 자가요법이나 약을 제조하는 방법을 꽤 많이 알고 있었다. 그만큼 의술과 제약에 관심과 지식이 많았다는 뜻이다.

그는 종기를 자주 앓았다. 종기가 곪으면 그는 대합으로 상처를 감싸 그 압력으로 고름을 빼냈다.

언젠가 상처를 덧나게 한 적이 있었다. 그때 도쿠가와는 드디어 마지막이라는 생각에 죽음을 각오하고 중신들에게 뒷일을 부탁하는 유언을 시작했다. 그러자 중신인 혼다 시게쓰구가 나섰다.

"제가 좋은 의사를 한 명 알고 있습니다."

그리고 가스야 조칸이라는 의사를 데려왔다. 조칸은 숯덩이처럼 커다란 뜸을 떠서 종기를 치료했다.

그때 도쿠가와는 44세였다. 그 이전에는 거의 병에 걸려 본 적이 없던 그는 단 한 가지 질병, 말라리아에 자주 걸렸다고 한다.

세키가하라 전투의 원인이 된 에치고 국(越後國, 현재의 니가타 현 일대)의 우에스기 가게카쓰를 공격하려고 동쪽으로 갔을 때, 도쿠가와는 말라리아에 걸려 있었다. 하지만 그 열을 극복한 순간, 그는 가게카쓰를 공격하려던 마음을 바꾸어 서쪽의 이시다 미쓰나리를 공격했다.

'건강과 작전'은 현대사회를 살아가는 우리에게도 적용된다. 열이 높고 사고력이 흐려지면 당연히 결단을 내리기도 어려워져 자칫 실수를 할 가능성이 높다. 심신이 지쳐 있으면 될 대로 되라는 식의 결론을 내리기 쉬운 것이다. 도쿠가와의 작전 변경이 말라리아와 관계가 있었는지 그렇지 않은지는 알 수 없지만, 그런 의미에서도 최고경영자의 건강은 매우 중요하다.

제철 음식이 아니면 섭취하지 않는 조심성

도쿠가와가 직접 만든 약 중에 '만병원万病圓'과 '팔미환八味丸'이 있다.

그 시절에는 도쿠가와뿐 아니라 대부분의 무장이 약초를 많이 알고 있었기 때문에 직접 약을 만들어 부하에게 주기도 했다.

그런 약들이 효과가 있었는지는 확인할 수 없다. 하지만 일종의 암시요법으로 작용했을 개연성은 매우 높다. "대장님께서 직접 만들어주신 약이니까" 하며 사기를 높이는 면도 있었을 것이다.

도쿠가와는 사망하기 직전까지 자신이 제조한 약을 복용하면서 의사를 그다지 믿지 않았다고 한다.

그는 평생 검소한 식사를 했다. 특히 죽과 보리밥을 즐겼다. 소화가 잘 되고 영양가가 높다는 사실을 잘 알고 있었기 때문이다.

보리밥은 특히 여름철에 많이 먹었다. 언젠가 그 뜻을 잘못 이해한 부하 한 명이 밥공기에 쌀밥을 가득 담고 그

위에 보리밥을 살짝 얹어서 내놓은 적이 있었는데 도쿠가와는 심하게 화를 냈다.

"어리석은 녀석! 나는 쌀을 아끼기 위해 보리밥을 먹는 것이 아니다. 이건 건강식이야!"

사실 그 시절에는 의사들 사이에도 보리밥이 설사를 멈추게 하고 위장을 튼튼하게 해주며 열과 땀을 물리친다는 말이 있었다. 도쿠가와는 경험을 통해서 그런 사실을 알고 있었다. 도쿠가와가 쌀을 아끼기 위해 보리밥을 먹는 것이라고 판단한 부하는 생각이 부족했던 것이다.

도쿠가와는 또 제철이 아닌 음식은 무척 조심했다.

어느 해 겨울 노부나가가 부하를 시켜 복숭아를 보내왔다.

"이 추운 겨울에 진귀한 것을 얻었는데 한번 드셔보시랍니다."

하지만 도쿠가와는 고개를 저었다.

"나는 진귀한 음식을 먹을 정도로 위대한 인물이 아니오."

물론 자신의 주제를 아는 거라고 해석할 수도 있지만, 그 이상으로 제철이 아닌 음식은 섭취하지 않는다는 생각이 더 강했던 것이다.

튀긴 도미에 발목을 잡히다

이렇게 자신의 건강 관리에 관심이 높았던 도쿠가와였지만 말년에 이르러 실수를 저지르기도 했다.

겐나 2년(1616) 1월 21일, 그는 자주 찾아가는 다나카에서 매사냥을 즐기고 있었다. 다나카는 지금의 시즈오카 현 후지에다 시 근처다. 참모인 교토의 상인 자야 시로지로와 동행이었다.

이윽고 저녁식사 시간이 되었다.

"지금 가미가타에서는 도미를 비자나무 열매 기름으로 튀겨 먹는 것이 유행이랍니다."

시로지로가 말했다.

"그래? 그렇다면 나도 한번 먹어볼까?"

도쿠가와가 고개를 끄덕였다. 마침 사카키바라 기요히사가 진상한 커다란 도미가 있었다.

"그 도미를 튀겨 오라."

도쿠가와가 명령을 내렸다. 요리사는 시키는 대로 했고 도쿠가와는 기름에 튀긴 도미를 먹었다.

"흐음, 정말 맛이 좋군."

그러나 도쿠가와는 식중독에 걸려 심한 복통에 시달렸다.

평소에는 검소한 식사만 하던 그가 갑자기 기름진 음식을 먹었기 때문이라고 말할 수도 있지만 그보다는 그 당시 건강 상태가 나빴기 때문일 것이다.

도쿠가와는 복통을 느끼는 순간, 식중독이라고 판단했다.

"가타야마 소테쓰를 불러라."

가타야마 소테쓰는 도쿠가와의 시의였다. 하지만 공교롭게도 가타야마가 없었기 때문에 그대로 여관에서 머무르면서 25일까지 지냈다.

이윽고 통증이 가라앉자 슨푸 성으로 돌아왔다. 아들인 2대 쇼군 히데타다는 걱정이 되어 일본 전국의 명의를 수배했지만, 도쿠가와는 의사 따위는 자신의 병을 고칠 수 없을 것이라며 자신이 제조한 만병원과 팔미환만 먹으며 치료했다. 그러나 병은 낫지 않았다.

시의인 가타야마가 걱정이 되어 진언했다.

"그런 자가요법으로는 무리입니다. 의사의 진찰을 받으십시오."

"시끄럽다!"

도쿠가와는 심하게 화를 내면서 가타야마를 신슈의 스와로 유배를 보냈다. 그러자 의사는 물론이고 부하들도 두려움을 느끼고 아무 말도 하지 않게 되었다.

도쿠가와의 병은 위암이었을 것이라는 설도 있다. 그렇다면 당시 의술로는 치료할 수 없었다. 도쿠가와는 자신의 병이 고칠 수 없는 것이라는 사실을 알고 자신이 직접 제조한 약을 먹으며 버텼던 것은 아닐까?

장사까지 한 축재 능력

전쟁이나 공사를 이익 증대 기회로 삼은 도쿠가와의 경영 감각

도쿠가와의 뜻밖의 얼굴, 매점매석

도쿠가와가 사망했을 때, 그가 가지고 있던 재산은 토지를 제외하고 다음과 같았다.

금은 200만 냥, 다기茶器 2만여 점, 의류와 무명, 비단 등을 포함한 포목류가 170상자, 침향 향료 27관, 사향 2관, 인삼 6관, 벌꿀 74관, 정향 29관, 설탕 143관, 포도주 28관, 비누 47관, 구리 6천 관, 모직물 250여 필…….

마치 보물 창고처럼 그 당시의 물품을 거의 다 보유하고

있었다. 그것도 엄청난 양을.

금은의 경우에는, 사망하기 10년쯤 전에 아들 히데타다에게 금 3만 관, 은 1만 2천 관을 주면서 이런 말을 했다.

"군자금과 에도에 화재 등 재난이 발생하거나 기근이 들었을 때의 구제 비용으로 사용하거라."

그 직전에 도쿠가와가 있던 후시미 성 창고가 금은의 무게 때문에 무너진 적이 있다고 하니까 히데타다에게 미리 준 이유는 그 때문인지도 모른다.

그건 그렇고 도쿠가와의 축재는 엄청났다. 벌꿀과 포도주, 설탕 등을 열심히 모으는 그를 생각하면 욕심꾸러기라기보다는 어딘가 어린아이 같은 느낌이 들어 우습기까지 하다. 다른 사람에게는 주지 않고 혼자 벌꿀을 맛보며 미소를 짓고 있었던 것은 아닐까?

그가 살아 있을 때부터 서민들 사이에서는 이런 얘기가 오고갔다.

"도쿠가와 님은 장사를 하고 있는 거야."

쌀을 매점매석하기 좋아해서 쌀값이 떨어지면 대량으로 사들였다가 값이 올랐을 때 내다 팔았는데 그 때문에 받은 평가였다. 하지만 도쿠가와는 태연했다.

"나는 전국의 쌀값을 조절하고 있는 거요."

어쩌면 그 말이 사실이었는지도 모른다.

공교롭게도 오다 노부나가, 도요토미 히데요시, 도쿠가와 이에야스는 모두 아이치 현 출신이다. 세 사람의 공통점은 그 당시 인물로는 드물게 뛰어난 국제성과 경영 감각을 갖추고 있었다는 점이다. 특히 새로운 지식을 도입하고 기술 혁신을 추진하는 모습은 훌륭하다고 말할 수 있다. 세 사람 모두 경제인의 의견을 무척 존중했다.

노부나가나 히데요시는 장사에 직접 손을 대지 않았지만, 도쿠가와는 그렇지 않았다. 그가 저장하고 있던 물품들은 그가 무역 활동을 통해 거두어들인 외국 수입품들이었다. 이런 도쿠가와의 경제 감각에 대해 알아보기로 하자. 좀 더 분명하게 표현한다면 그의 '인색함'을 말이다.

종이 한 장도 아낀다

히데요시를 제압하고 천하를 움켜쥔 뒤 모든 다이묘가 도쿠가와의 성으로 인사를 왔는데, 마당을 걷고 있던 도쿠가와는 갑자기 화장실에 가고 싶은 충동을 느꼈다.

"잠깐 실례하겠소."

화장실에 갔다 나오는 도쿠가와의 옆구리에는 종이 한 장이 끼워져 있었다. 손을 씻는 동안 그 종이가 떨어지면서 바람에 날아갔다. 그러자 도쿠가와는 맨발인 채로 마당으로 뛰어내려와 허공에서 춤을 추는 종이를 붙잡으려 했다.

나무 사이에서 그 광경을 지켜보던 다이묘들의 눈이 휘둥그레졌다. 그리고 다음 순간 마치 나비를 쫓듯 두 손을 허우적거리며 종이를 붙잡으려고 애쓰는 도쿠가와의 모습에 한결같이 웃음을 터뜨렸다.

"소문대로 구두쇠야."

이렇게 빈정거리는 다이묘도 있었다. 이윽고 종이를 붙잡은 도쿠가와는 그것으로 손을 닦더니 다이묘들에게 싱긋 웃어 보이면서 이렇게 말했다.

"나는 이렇게 해서 천하를 손에 넣었소."

그 말에 다이묘들의 얼굴에서 웃음이 사라졌다. 그 말 속에는, 너희들은 나를 비웃을지 몰라도 결국은 내 부하에 지나지 않는다는 의미가 들어 있었기 때문이다.

슨푸 성에서 있었던 일이다. 어느 날 젊은 시녀들이 모여 화난 표정으로 무엇인가 이야기를 주고받고 있었다. 마침 그곳을 지나가던 도쿠가와가 호기심을 느끼고 다가갔다.

"무슨 일이냐?"

그러자 한 시녀가 나서서 대답했다.

"음식이 너무 짜서 도저히 밥을 먹을 수 없습니다."

도쿠가와는 고개를 끄덕이더니 부엌으로 가서 책임자인 마쓰시타 조케이에게 이 말을 들려주고 한마디 덧붙였다.

"간을 싱겁게 하는 것이 좋겠다."

그러자 조케이는 고개를 저었다.

"당치 않은 말씀입니다."

"당치 않다니?"

"그렇게 하면 시녀들은 밥을 몇 공기씩 먹을 것입니다. 그래도 싱겁게 해야겠습니까?"

그러자 도쿠가와가 당황한 표정으로 고개를 저었다.

"아니, 아니다. 지금처럼 짜게 만들도록 해라."

전쟁은 이익을 늘리는 기회?

오사카 전투 직전, 도쿠가와는 대량의 납을 사들였다. 납은 총알을 만드는 재료다. 이윽고 전쟁이 시작되자 오사카 쪽에서는 납을 사려고 혈안이 되었지만 상인들은 납이 없다고 고개를 저을 뿐이었다.

"이미 도쿠가와 님께서 납을 전부 사들였기 때문에 남은 물건이 없습니다."

"이 너구리 영감!"

오사카 쪽에서는 이를 갈았지만 어쩔 수 없는 일이었다. 이야기는 여기에서 끝나지 않는다.

도쿠가와 편에 서서 오사카 성을 공격하게 된 다이묘들도 납을 구하러 다녔다. 하지만 없었다. 그 이유를 묻자 도쿠가와가 모두 사들였다는 것이었다. 다이묘들은 즉시 도쿠가와를 찾아 갔다.

"납이 필요합니다."

"그렇소? 그렇다면 내가 가지고 있는 것을 드리지요."

도쿠가와는 고개를 끄덕이더니 은근한 목소리로 이렇게 덧붙였다.

"그렇지만 나도 돈을 주고 산 물건이니까 그 값은 받아야겠소."

다이묘들은 어이없다는 표정으로 도쿠가와를 바라보았다.

'말도 안 되는 소리! 우리는 당신을 위해 싸우려는 것입니다!'

그렇게 소리치고 싶었지만 그것은 마음일 뿐 말이 돼 나올 수는 없었다. 소문대로 도쿠가와는 엄청난 수전노라는 사실만 확인했을 뿐이다.

비슷한 이야기는 또 있다.

도쿠가와는 아홉째 아들인 요시나오를 위해 나고야 성을 증축했는데 '자발적인 봉사'라는 형식으로 공사에 참가할 다이묘들을 모집했다.

'이 공사는 우리의 충성심을 시험해보려는 거야.'

과거에 히데요시의 부하였던 다이묘들은 그렇게 생각하고 앞다투어 참가했다. 물론 모든 경비는 참가하는 자가 부담하는 것이었다.

이런 '충성심 경쟁'이 시작되면 묘한 분위기가 나타나고 사람들은 쉽게 부화뇌동한다. 또한 그럴듯한 논리와 이론이 난무한다.

누군가가 이런 말을 한다.

"돌담에 이용할 돌은 이즈 반도에서 나온 것이 가장 좋다는군."

그러면 다이묘들은 즉시 이즈로 달려간다. 하지만 현지에는 돌이 없다. 다이묘들은, 그 많은 돌을 사 간 인물이 도쿠가와라는 사실을 알게 된다.

"또야!"

기가 막힌 다이묘들은 할 말을 잃고…….

그러나 돌은 필요하기 때문에 어쩔 수 없이 도쿠가와를 찾아가 머리를 조아리고 부탁한다.

"죄송하지만 가지고 계신 이즈의 돌을 적당한 가격에 파실 수 없겠습니까?"

"아, 그렇게 하지요. 얼마든지 가져가십시오."

도쿠가와는 얼굴 가득 미소를 띠고 고개를 끄덕인다.

"설마 이즈의 돌이 좋다는 소문을 낸 사람이 도쿠가와 님은 아니겠지?"

의심을 하는 다이묘도 있었지만, 도쿠가와는 이런 일을 자신에 대한 다이묘들의 충성심을 시험하는 방법으로 삼았던 것인지도 모른다.

원칙적인 경제관과는 다른 실리적인 구두쇠 정신

세키가하라 전투는 서쪽의 이시다 미쓰나리와 동쪽의 우에스기 가게카쓰가 도쿠가와를 협공하면서 시작되었다. 만약 도쿠가와가 가게카쓰 정벌에 나간다면 그 틈을 노려 미쓰나리가 봉기한다는 작전이었다.

도쿠가와는 이 사실을 알면서도 그들의 도전을 받아들이고 우선 동쪽으로 진군하라고 지시했다. 그리고 미쓰나리가 병사를 일으켰다는 소식을 듣자마자 모든 군사를 서쪽으로 돌리라고 명령했다.

가게카쓰 공격에 참가한 다이묘들은 발길을 돌려 서쪽으로 향했다.

하지만 대부분의 다이묘들은 그렇게 많은 준비를 하지 않은 상태였다. 가게카쓰를 치고 얻은 전리품으로 군비를 조달할 생각이었던 것이다. 그런데 작전이 바뀌어 예상이 빗나갔다. 돈이 없다고 비명을 지르는 다이묘들이 속출했다.

그때 생각난 것이 도쿠가와의 축재였다. 도쿠가와에게 엄청난 재물이 있다는 소문이 돌았던 것이다.

'일단 부탁해보자. 사실 이 싸움은 도쿠가와 님을 위한 것이니까.'

이 전쟁에서 도쿠가와는 에도 성에 틀어박혀 꼼짝도 하지 않았다. 그는 어느 다이묘가 얼마나 열심히 이시다 미쓰나리와 싸우는지 지켜보고 있었다.

"군비를 빌려주십시오."

다이묘들이 부탁하자 도쿠가와는 순순히 고개를 끄덕였다. 돈을 빌리는 쪽인 다이묘들이 스스로 그에 알맞은 이자를 지불하겠다고 제시하자, 도쿠가와는 미소를 지으며 고

맙다고 대답할 뿐 이자 따위는 필요 없다는 말은 결코 하지 않았다.

"금은보화는 사장되지 말아야 한다. 한 장소에 쌓여 있으면 국가 경제가 위축된다."

도쿠가와는 이런 말을 자주 했지만 그야말로 금은보화를 사장하는 데 앞장선 인물이었다. 역시 경제관과는 다른 구두쇠 정신이 있었던 것이다.

그건 그렇고, 전쟁이나 공사를 '나 자신을 위해서이기도 하지만 당신들을 위한 일이기도 하다'라고 내세우는 관리법은 현대사회에도 통용된다.

도쿠가와에게 친구는 있었을까?

필요한 것은 부하뿐, 우정을 믿지 않았던 도쿠가와 인생철학의 원류

노부나가, 히데요시와의 미묘한 관계

어떤 사람이 이런 질문을 했다.

"도쿠가와의 친구 관계는 어땠습니까?"

그 질문을 듣고 도쿠가와에게 친구가 있었는지 진지하게 생각했다. 지금까지 그 점을 문제로 삼았던 사람은 아무도 없었는데, 가만히 생각해보니 도쿠가와의 친구에 대한 이야기는 들어본 적이 없었다.

그렇다면 도쿠가와에게는 친구가 없었던 것일까? 여기

서는 도쿠가와의 친구 관계에 대해 알아보기로 한다.

결론부터 말한다면 도쿠가와에게는 친구가 없었다. 친구라고 부를 수 있는 존재는 전혀 없었다.

나이 차이를 무시한 친한 관계를 친구라고 한다면, 오다 노부나가가 친구일 수는 있다. 노부나가는 도쿠가와와 동맹 관계였으니까.

도쿠가와는 어린 시절부터 노부나가의 아버지 오다 노부히데의 인질이 되기도 하고 시즈오카의 다이묘인 이마가와 요시모토의 인질이 되기도 했다.

이마가와 요시모토는 "자네 아버지와 나는 동맹자니까 자네가 성인이 될 때까지 자네 나라를 내가 관리하겠네" 하고 말했지만 이것은 실질적으로 도쿠가와를 자신의 부하로 삼은 것이었다. 즉, 이마가와 요시모토는 도쿠가와 쪽에서 볼 때 주군과 같은 위치에 있었기 때문에 친구는 아니었다.

독립한 도쿠가와는 오다 노부나가와 동맹을 맺었다. 그러나 이즈음의 노부나가는 매우 강해서 미카와 국의 주군인 도쿠가와 따위와 비교할 수 있는 대상이 아니었다. 노부나가는 서쪽을 공격하는 데 있어 동쪽에 불안감이 있어서는 안 되겠기에 도쿠가와가 필요했고 그래서 동맹을 맺은 것이다. 즉 정치적인 군사동맹이었다고 말할 수 있다.

두 사람의 권력 차이가 컸기 때문에, 표면적으로는 동맹자라고 해도 도쿠가와가 볼 때 노부나가는 분명히 상위에 위치하는 존재였다. 즉 주군에 해당하는 존재였다.

물론 도쿠가와도 노부나가를 위해 서비스를 많이 했지만, 동시에 노부나가의 힘을 빌리지 않고서는 국가를 제대로 경영할 수 없었다. 그즈음의 도쿠가와는 약소 경영자여서 대기업으로 발전하고 있는 노부나가 주식회사의 도움이 필요했다.

그러니 노부나가가 도쿠가와의 친구였다고 주장하기에는 약간 무리가 있다.

그렇다면 도요토미 히데요시는 어떨까?

히데요시는 노부나가의 가신이다. 노부나가와 동맹 관계인 도쿠가와 쪽에서 보면 가신단에 해당한다. 그래서 도쿠가와는 처음부터 끝까지 히데요시에게 그런 태도를 보였다.

그것이 역전된 것은 노부나가가 가신인 아케치 미쓰히데에게 살해된 이후다. 도쿠가와는 어쩔 수 없이 히데요시의 가신 같은 처지에 놓이게 되지만 마음속으로는 줄곧 히데요시를 경멸했다. 권력 차이 때문에 허리를 굽혔을 뿐이다.

도쿠가와가 히데요시의 가신이 되는 경위에 대해서는 뒤에서 설명하겠지만 그 전에 이런 일이 있었다. 노부나가의 둘째 아들인 노부카쓰와 손을 잡고 히데요시와 대적한 '고마키·나가쿠테 전투'라고 불리는 사건이다.

물은 배를 띄워주지만 뒤집기도 한다

도쿠가와에게 유일한 친구가 있었다면 노부카쓰라고 말할 수 있다.

하지만 친구라고 해서 도쿠가와가 노부카쓰를 완전히 믿었다는 뜻은 아니다. 당시 도쿠가와가 놓여 있던 정치적 상황과 노부카쓰가 놓여 있던 정치적 상황, 그리고 날마다 권력이 커지는 히데요시에 대한 견제력으로 친구 같은 관계가 필요했을 뿐이다.

노부카쓰와 도쿠가와의 연합군은 히데요시에게 쉽게 패

하지 않았다. 오히려 국지전에서는 도쿠가와 쪽이 더 많은 승리를 거두었다.

그러자 히데요시는 도쿠가와를 경계해서 노부카쓰와 단독으로 평화협정을 맺었다. 도쿠가와에게는 비밀로 한 채 노부카쓰에게 평화협정을 제안한 것이다.

"당신과 내가 싸울 이유는 전혀 없으니까 평화협정을 맺읍시다."

싸움에 지쳐 있던 노부카쓰는 그 제안을 받아들여 비밀리에 히데요시와 평화협정을 맺었다.

이 사실을 안 도쿠가와는 쓴웃음을 지었다.

'역시 친구는 믿을 것이 못 돼.'

도쿠가와가 친구를 만들지 않은 데에는 나름대로 이유가 있었다. 도쿠가와의 인생철학으로 볼 때, 친구만큼 믿을 수 없는 존재는 없었기 때문이다.

'친구란 대체 어떤 존재일까?'

도쿠가와는 그런 생각을 자주 했다. 인질로 지내던 어린 시절부터 겪은 일들 때문이었다. 게다가 그는, 특히 금전 관계가 얽히면 우정은 쉽게 깨져버린다는 사실을 몇 번이나 경험했다. 그리고 결국 이런 극단적인 생각까지 하게 되었다.

'필요한 것은 부하야. 전략상 나를 주군으로 받들어줄 부하는 필요하지만 친구 따위는 단 한 명도 필요치 않아. 친구는 피해만 줄 뿐 이익은 주지 않는 존재야.'

그렇기 때문에 그는 경영을 할 때도 친구에게 의지하는 일이 전혀 없었다.

그러나 부하도 필요한 존재일 뿐 믿을 수 있는 존재는 아니었다. 도쿠가와는 이런 말들을 자주 했다.

"물은 배를 띄워주지만 다른 한편으로는 배를 뒤집기도 한다."

"무공을 세우는 일보다 더 어려운 일이 주군에게 진언하는 일이다."

즉, 본질적으로는 부하도 진심으로 믿지 않았던 것이다.

충성심은 믿었지만 사랑은 주지 않았다

도쿠가와는 소년 시절부터 인질로 생활하면서 온갖 고통을 맛보았다. 그리고 '인간'이라는 생물을 철저하게 경험했다. 상황에 따라 얼마든지 변할 수 있는 존재가 인간이라는 사실을 간파했다. 세력을 만드는 방법, 사람을 다루는 방법도 익혔고 속마음과는 다른 겉모습을 보여주는 방법도 배웠다. 그래서 부하들은 그의 심리를 쉽게 읽을 수 없었다.

'도쿠가와 님이 이렇게까지 나를 생각해주시다니……'

이런 식으로 도쿠가와는 부하를 감동시키는 명인이었지만, 그것은 겉으로 나타난 것일 뿐 속마음은 전혀 달랐다. 다만 보통 사람과 비교할 때 표층이 워낙 두꺼웠기 때문에 부하들은 그의 속마음을 간파할 수 없었다.

도쿠가와는 부하에게 절대로 사랑을 주지 않았다. 마음속으로는 늘 냉정한 시선을 유지하면서 그들을 지켜보고 있었다. 그런 성격은 스스로도 '업業'이라고 생각했는데, 사실 그것은 그의 어린 시절 경험 때문에 형성된 것이었다.

그런 점에서는 도쿠가와가 존경했던 인물 미나모토노 요리토모와 비슷하다. 요리토모도 친구를 만들지 않았다. 그가 만든 것은 유능한 부하일 뿐이었다. 요리토모와 도쿠가와는 모두 부하의 충성심만 믿었다.

그런 사고방식의 소유자였던 도쿠가와에게 노부카쓰는 노부나가의 아들이라는 점에서 단 한 명뿐인 친구였는지도 모른다. 하지만 그 우정도 노부카쓰의 배신으로 덧없이 무너졌다.

이 믿을 수 없는 친구는, 잘하면 충분히 승리를 거둘 수 있는 전쟁을 스스로 포기하고 히데요시와 평화협정을 맺어 버렸다. 그런 상황을 지켜본 도쿠가와는 모르는 척 고향으로 돌아왔고, 히데요시는 물론이고 노부카쓰도 만나지 않았다.

두 사람이 대체 무슨 짓들을 하는 것인지 이해할 수 없었기 때문이다.

도쿠가와가 고향으로 돌아오자 히데요시가 접근해왔다.

"노부카쓰 님은 나와 평화협정을 맺었습니다. 당신도 그렇게 하는 것이 어떻겠습니까?"

도쿠가와는 사실 노부나가의 아들인 노부카쓰를 도와준다는 명목에서 싸움을 시작했다. 그런데 노부카쓰가 싸움을 포기한 마당에 굳이 히데요시와 적대 관계에 있을 의미가 없었다.

도쿠가와는 즉시 그 제안을 받아들여 히데요시와 평화 협정을 맺었다.

하지만 히데요시는 한 걸음 더 나아가 도쿠가와를 자신의 가신으로 만들 계략을 꾸몄다.

히데요시에 대한 경멸감

히데요시는 쇼군이 되고 싶었다. 하지만 그에게는 쇼군이 될 자격이 없었다. 그래서 뇌물을 써서 마침내 간파쿠關白*가 되었다.

승진 기념으로 히데요시는 성대한 축하연을 계획했다. 물론 참가자에게 회비를 받는 식의 인색한 짓은 하지 않았다. 그의 목적은 일본 전국의 다이묘들을 오사카 성으로 불러들이는 것이었다.

바로 그 파티에 반드시 참석시켜야 할 다이묘가 한 명

---

* 천황을 보좌하여 정무를 총괄하던 중직으로 다조다이진太政大臣의 위.

있었다. 말할 필요도 없이 도쿠가와였다.

히데요시는 도쿠가와에게 초대장을 보냈다. 그러나 도쿠가와는 모르는 척 답장을 보내지 않았다. 오히려 마음속으로는 히데요시가 간파쿠가 된 것을 비웃고 있었다.

도쿠가와가 볼 때, 히데요시는 가신일 뿐이었다. 간파쿠가 되었다고 갑자기 거만한 태도를 보이며 자신의 축하연에 초대하여 축사라도 시킬 속셈이었겠지만 그런 계략에는 놀아나고 싶지 않았다.

도쿠가와의 그런 마음을 잘 알고 있던 히데요시는 이번에는 회유 작전을 폈다.

우선 어떤 다이묘와 결혼한 여동생 아사히를 이혼시켜 도쿠가와에게 바쳤다. 그리고 그 여동생을 만나러 간다는 이유로 자기 어머니를 도쿠가와의 성으로 보냈다. 적절한 인질을 맡긴 것이다.

그러자 도쿠가와도 진지하게 생각할 수밖에 없었다. 지금 히데요시를 적으로 돌리는 것은 일본 전국의 다이묘들을 적으로 돌리는 것과 같은 행위다. 그 정도로 히데요시의 권력은 막강하다. 그렇다면 더 버틴다고 해서 이익이 될 것은 아무것도 없다고 판단했다.

결국 도쿠가와는 오사카 성으로 갔다.

그날 축하연에서 히데요시는 근엄한 표정으로 연단에 서서 이렇게 외쳤다.

"미카와 국의 도쿠가와 님께서 나를 축하해주러 오셨소!"

그 말을 들은 다이묘들은 마침내 도쿠가와가 히데요시의 가신이 되었다는 사실을 알 수 있었다.

어떻게 고독을 견뎌낼 것인가

이후 다이묘들은 도요토미 히데요시라는 인물의 눈에 들기 위해 최선을 다했다.

이렇게 해서 도쿠가와는 마음에도 없이 히데요시의 가신이 되었지만 마음속으로는 언젠가 자신의 천하가 올 것이라고 믿고 있었다. 그렇기 때문에 히데요시는 도쿠가와에게 주군도 아니었고 친구도 아니었다.

이처럼 노부카쓰를 제외하면 도쿠가와에게 친구라고 할 수 있는 인물은 한 명도 없었다고 말할 수 있다. 굳이 친구를 만들려 하지 않았기 때문이다.

도쿠가와는 우정을 믿지 않았다. 부하에게는 굳게 믿고 있다는 태도를 보였던 도쿠가와지만 마음을 의지할 수 있는, 진정한 의미의 친구는 결코 만들지 않았다.

그의 고독한 일면이다. 하지만 이것은 도쿠가와뿐 아니라 같은 시대를 산 오다 노부나가나 도요토미 히데요시, 다케다 신겐, 우에스기 겐신, 모리 모토나리 등도 마찬가지였다.

그들이 살아남기 위해 교재로 사용한 책은 『손자』 『육도』 『삼략』 『한비자』 등이다. 이 전략서들은 모두 '사람을 배신하라'고 가르치고 있다. 그렇기 때문에 전국시대의 리더들에게는 고독을 어떻게 견뎌내느냐가 매우 중요한 문제였다.

그들은 산꼭대기에 홀로 서 있는 한 그루 소나무처럼 외로운 상태에서 거친 바람을 견디고 있었다. 그런 고독을 견뎌내지 못한 자는 뒤처질 수밖에 없었고 즉시 부하의 반격을 받았다.

도쿠가와는 정략결혼의 희생자였다

결혼을 통해 살펴보는 도쿠가와의 여성관

본처는 더 이상 얻지 않는다

도쿠가와 이에야스의 여성관은 흔히 히데요시와 비교된다.

― 히데요시는 출신 성분이 비천했기 때문에 곁에 두는 여성은 신분이 높은 다이묘의 딸들을 선택했다.

― 도쿠가와는 반대로 농민이나 상인의 딸, 그것도 남편을 잃은 여성을 많이 선택했다.

이것을 히데요시는 신분이 높은 여성을 정복하여 자신의 낮은 출신 성분에 대한 콤플렉스를 해소하려 했기 때문이고, 도쿠가와는 도쿠가와 가를 태평스럽게 유지하기 위해 자식을 많이 낳으려 했기 때문이라고 해석할 수 있다.

이럴 경우, 여성의 실체는 사라지고 인격은 무시된다. 히데요시에게는 높은 곳에 핀 꽃을 꺾는다는 정복욕이 있었던 것 같다.

그렇다면 도쿠가와는 여성을 단순한 '아이 제조기'로 생각했던 것일까?

그렇다고 잘라 말할 수는 없다. 도쿠가와가 농민의 아내까지 첩으로 삼은 데에는 다른 이유가 있었다.

그 이유는 첫 결혼 때문이다.

기록에 남아 있는 것만 살펴도 도쿠가와에게는 2처 15첩이 있었다. 즉, 본처가 2명, 첩이 15명이었다는 뜻이다. 이것은 평생 동안 맞이한 숫자로, 한 번에 이렇게 많은 처첩을 데리고 있었던 것은 아니다.

두 명의 본처 중에서 첫 번째는 쓰키야마, 두 번째는 아사히다. 둘 다 강요에 의해 맞이한 아내다. 즉 정략결혼이었다.

더구나 쓰키야마는 노부나가의 지시를 받고 도쿠가와가 가신을 시켜 살해했고 아사히에게는 이미 남편이 있었다.

아사히의 오빠인 히데요시는 여동생을 남편과 이혼시키고 도쿠가와의 아내로 주었다. 아사히의 전남편은 분한 마음에 자살해버렸고 아사히도 4년 후에 죽었다.

남자 쪽에서 여성의 정조를 문제 삼기 시작한 것은 에도 시대 이후였기에 그 시절의 '성'은 매우 자유로웠다. 하지만 아무리 그렇다 해도 여성을 이런 식으로 취급했다는 것은 쉽게 이해하기 어렵다.

도쿠가와는 정략결혼의 직접적인 피해자였다. 여성의 경우 그녀의 인생이야 어떻든 정략적으로 마음대로 이용해도 좋다는 식의 사고방식이 만연되어 있는 사회에 대한 허무함과 그런 여성과 마찬가지로 정략의 희생양으로 전락할 수밖에 없었던 자기 자신에 대한 회의감에 빠진 그가 '본처는 더 얻지 않겠다'고 생각했던 것도 무리는 아니다.

그렇다면, 그의 첫 결혼은 대체 어떤 것이었을까?

첫 아내는 보기 드문 악처

도쿠가와는 16세에 결혼했는데 그 2년 전에 성인식을 올렸다. 다케치요가 본명인 그는 성인식을 치른 다음, 마쓰다이라 모토야스라고 이름을 바꾸었다. '모토'는 이마가와 요시모토에게서 물려받은 것이고 '야스'는 도쿠가와가 존경했던 할아버지 기요야스의 이름에서 따온 것이다.

도쿠가와가 성인식을 치른 곳은 슨푸 성으로, 그 당시 그는 이마가와 가의 인질로 있었다. 이마가와 요시모토는 미카와 국 주군인 도쿠가와를 부하로 삼아 미카와 국을 손에 넣을 생각이었다. 그래서 도쿠가와가 성인식을 올린 2년 후에 아내를 얻으라고 강요했다. 상대는 요시모토의 친척인 세키구치 지카나가의 딸이었다. 나이는 도쿠가와보다 8년 위로, 요시모토는 그녀가 자신의 조카뻘이라고 말했다.

이 제안을 도쿠가와가 어떤 생각으로 받아들였는지는 알 수 없지만, 아름다운 청춘이 시작되는 시기에 8세나 연상인 여자를 아내로 얻으라는 강요에 당황하지 않을 수 없었을 것이다.

하지만 이미 인질 생활 10년, 인생이 어떤 것인지 충분히 알고 있던 도쿠가와는 순순히 그 제안을 받아들였다.

그 여자의 이름이 무엇인지는 알 수 없다. 나중에 쓰키야마에 살았기 때문에 쓰키야마라고 불렸을 뿐이다. 도쿠가와는 물론이고 도쿠가와 주변의 인물들도 이 여자의 이름을 기록해두지 않았다.

쓰키야마는 두 아이를 낳았다. 아들인 노부야스와 딸인 가메다. 노부야스는 노부나가의 딸 고도쿠를 아내로 맞았다. 하지만 지나치게 우수한 인재였기 때문에 노부나가의 경계를 받게 되었고 결국 할복해야 하는 운명에 처한다. 쓰키야마, 노부야스 모자가 살해된 것은 고도쿠의 고자질 때문이었다.

결혼 후 쓰키야마는 이마가와 요시모토의 조카라는 점을 내세워 도쿠가와를 함부로 대했다. 도쿠가와의 아내가 되었다기보다는 도쿠가와를 남편으로 맞이했다는 태도를 보였다. 그리고 무슨 일만 있으면 "당신은 인질 신분이에요" 하는 말로 도쿠가와를 비웃었다.

이마가와 집안의 사람들에게 수도 없이 비웃음을 받은

도쿠가와였지만 아내에게까지 그런 대접을 받는다는 것은 참을 수 없는 고통이었다. 하지만 도쿠가와는 참았다. 아무리 억울하고 분해도 아내의 배후에 이마가와 요시모토가 존재하는 이상 어쩔 수 없는 일이었다. 때로는 뺨이라도 한 대 때리고 싶었지만 그런 짓을 하면 큰 소동이 일 것이고 그럴 경우, 그녀의 아버지인 세키구치 지카나가나 요시모토의 보복을 받게 된다.

이 보기 드문 악처와 사는 숨막히는 생활이 4년 동안 이어졌다. 4년째 되는 해, 오케하자마 전투가 벌어졌고 이마가와 요시모토는 오다 노부나가의 손에 목숨을 잃었다. 도쿠가와는 독립해서 오카자키 성으로 돌아갔다.

이때 쓰키야마는 동행하지 않고 그대로 슨푸에 남았다. 이마가와 쪽에서 인질로 삼았기 때문이기도 하지만 쓰키야마 자신도 슨푸를 떠날 생각이 없었다. 지금까지 도쿠가와를 괴롭혀왔으니 이번에 도쿠가와가 지배하는 지역으로 가면 어떤 보복을 당할지 알 수 없었기 때문에 아버지의 친척이 있는 곳이 안전하다고 판단한 것이다. 허세를 부리는 사람일수록 겁이 많다.

아내의 며느리 구박이 비극의 발단

오카자키 성으로 돌아가는 도쿠가와에게 쓰키야마는 여느 때처럼 무시하는 태도로 이렇게 말했다.

"오카자키로 돌아가더라도 이마가와 가에 대한 충성은 다해야 할 거예요. 지금까지 많은 신세를 졌으니까 은혜를 갚아야지요."

"……."

그런 쓰키야마를 도쿠가와는 잠자코 바라볼 뿐이었다. 지금까지 보여준 적이 없는, 차갑고 깊은 눈빛이었다. 그 안에는 격렬한 증오가 짙게 배어 있었다. 그 날카로운 눈빛에 쓰키야마의 등골이 서늘해졌다.

오카자키로 돌아온 도쿠가와는 그 후 2년 동안, 쓰키야마를 그대로 두었다. 그러나 오다 노부나가와 동맹을 맺으면서 아내와 아들을 오카자키 성으로 데려왔다. 쓰키야마에게는 마음이 없었지만 아들 노부야스가 보고 싶었기 때문이다.

그즈음 도쿠가와에게는 이미 첩이 있었고 더구나 임신

중이었다. 화가 난 쓰키야마는 첩을 발가벗겨 마당의 나무에 묶어놓고 사정없이 때렸다. 보다 못한 가신 한 명이 한밤중에 몰래 구해주었다.

줄곧 도쿠가와를 "인질인 주제에……" 하며 깔보던 쓰키야마지만 질투심은 매우 강했던 것이다.

쓰키야마는 첩만 질투한 게 아니었다. 며느리에게도 마찬가지였다. 노부야스와 노부나가의 딸인 고도쿠는 금실이 매우 좋았다. 그런데 그들 사이를 질투한 쓰키야마가 아들을 낳지 못한다는 이유로 며느리를 구박하고 노부야스에게는 첩을 얻을 것을 권했다.

견디다 못한 고도쿠가 있는 말 없는 말 다 노부나가에게 고자질했고, 그것이 도쿠가와를 경계하는 노부나가에게는 더할 나위 없는 기회로 작용했다. 고도쿠는 얄미운 시어머니뿐 아니라 사랑하는 남편까지 죽이는 결과를 낳은 것이다.

도쿠가와는 29세 때 근거지를 하마마쓰 성으로 옮기고 오카자키 성은 노부야스에게 물려주었다. 당시 노부야스의 나이는 12세였다.

도쿠가와는 하마마쓰 성으로 근거지를 옮길 때, 쓰키야

마를 데려가지 않았다. 요즘으로 치면 단신 부임이다. 그러나 첩은 데리고 갔다. 화가 난 쓰키야마는 더욱 심하게 며느리를 구박했다.

도쿠가와가 바란 것은 모성애

도쿠가와는 3세 때 자신을 낳아준 어머니 오다이와 생이별을 했다. 그 이후 어머니의 사랑을 모르고 자랐다. 오다이는 그 후 히사마쓰라는 다이묘의 아내가 되었다. 도쿠가와에게서 더욱 멀어진 것이다. 그러나 어머니가 멀리 떠났다고 해서 어머니를 그리는 마음이 사라질 리는 없다. 아니 오히려 더 그리워하게 된다.

어린 시절부터 인질로 생활한 도쿠가와는 늘 어른 같은 마음으로 살았다. 분별력을 갖춘 표정을 유지했지만 그 가슴속에는 어머니에 대한 그리움이 자리잡고 있었다.

어머니인 오다이는 정이 깊은 사람으로, 재혼한 뒤에도 도쿠가와를 잊지 않았다. 도쿠가와가 이마가와 가에 인질로 갈 때 그녀는 자신의 어머니, 즉 도쿠가와의 외할머니에게 이렇게 말했다.

"제가 돌보아주고 싶지만 불가능한 일이에요. 그러니까 저 대신 어머니가 다케치요(도쿠가와)를 보살펴주세요."

그리고 스루가 국으로 보냈다.

그런 어머니의 마음을 알고 있던 도쿠가와가 여성에게 바란 것은 무엇이었을까? 역시 '모성애' 아니었을까?

"아이의 가슴속에는 아버지의 상자와 어머니의 상자가 있어 태어날 때에는 텅 비어 있다. 자라면서 그 상자는 부모의 사랑으로 채워진다."

그러나 도쿠가와의 가슴속에 있는 두 개의 상자는 모두 텅 비어 있었다. 도쿠가와가 그것을 채우고 싶어 한다고 해서 결코 이상한 일은 아니다.

남자가 아내에게 바라는 것에는 반드시 '모성애'가 포함되는데 도쿠가와도 마찬가지였다.

쓰키야마는 도쿠가와보다 8세 연상이었기 때문에 당연히 어머니 같은, 또는 누나 같은 포근함이 있을 것이라고 도쿠가와는 기대했다.

하지만 쓰키야마는 그런 도쿠가와의 바람을 무시했다. 무시했을 뿐 아니라 철저하게 짓밟았다. 도쿠가와는 실망했고 그 실망은 증오로 변했다.

아무리 노부나가의 명령이라 해도 아내와 아들을 살해했다는 것은 이해하기 어렵다. 그러나 노부야스는 몰라도 쓰키야마에 대해서는, 노부나가의 지시를 오히려 기쁘게 받아들이고 그녀의 죽음에 편안함을 느끼는 악마 같은 마음이 있었을 것이다.

그 후 히데요시의 강요에 의해 맞이한 아사히는 이미 결혼한 경력이 있는 44세의 아주머니였다. 도쿠가와도 45세로 결혼을 기뻐할 나이는 아니었다. 오히려 귀찮았을 것이다.

아사히를 맞아들였을 때 도쿠가와는 이렇게 생각했다.

'정략결혼일 경우, 여자만 희생자가 되는 경우가 많아. 하지만 나는 그 반대야. 남자인 내 쪽이 오히려 희생자야.'

그리고 이제 결혼은 지긋지긋하다고 생각했다.

그 후 도쿠가와는 다시는 본처를 얻지 않는다. 농부의 아내든 상인의 아내든 가리지 않고, 곁에 두고 안정을 느낄 수 있는 여자면 만족했다. 특히 살진 여성을 좋아했다고 한다.

살진 여성의 풍만한 가슴에 안겨 있을 때의 해방감 때문은 아니었을까? 그 해방감 속에서 3세 때에 헤어진 생모 오다이를 그리워했을 것이다. 젊은 시절 여성에 대한 자신의 의지를 관철할 수 없었던 도쿠가와는 나이가 든 후에는 오히려 행복했다.

도쿠가와의 독특한 신앙심

종교의 본질을 소중히 여긴 도쿠가와

아미타불에 대한 집착

전국시대 무장들은 대부분 신앙심을 가지고 있었는데 그 이유로는 두 가지를 들 수 있다.

하나는, 자신의 야망을 이루고 싶어서다.

또 하나는, 죄 많은 자신이 저승에서 구원받기를 바라는 마음에서다.

전국시대의 무장은 좋든 싫든 인명을 해치는 살인자가 될 수밖에 없었기 때문에, 사람들이 죽어가는 처절한 모습을 잊지 못하고 밤마다 그 망령 때문에 괴로워하는 무장도 많았다.

우에스기 겐신이나 다케다 신겐은 그 전형적인 예다. 그들은 절이나 사원을 찾아가 소원을 빌며 자신의 야망을 달성하기 위해 기도했다. 그러면서 자신이 살해한 적의 성불도 함께 빌었다. 겐신과 신겐은 모두 법명으로, 두 사람은 승적을 가지고 있었다.

그에 비해 오다 노부나가와 도요토미 히데요시에게는 신앙심이 없었다. 따라서 승적도 없고 법명도 없었다.

이것으로도 천하를 얻을 수 있는가 없는가가 결정된다. 겐신이나 신겐 쪽이 훨씬 인간적이지만 천하는 악귀나 악마가 아니면 움켜쥘 수 없기 때문이다.

인정이 많은 사람은 연약하고 인정 없는 사람이 강한 것은 경쟁사회의 철칙이다.

그렇다면 도쿠가와는 어떤 신앙을 가지고 있었을까? 아니, 그에게 신앙심이 있었을까?

도쿠가와는 말년에 이르러 하루에 7만 번이나 '나무아미타불'을 외며 그것을 글로 썼다고 한다. 그 글은 아직도 여기저기에 남아 있다. 나무아미타불은 정토종淨土宗에 속한다. 사실 도쿠가와는 정토종을 믿었다. 그것도 말년에 이르러서가 아니라 젊은 시절부터.

이마가와 가에서 인질로 지내던 시절, 그에게 학문을 지도해준 사람은 슨푸에 있는 린자이지臨濟寺 주지 다이겐 세쓰사이였다.

하지만 도쿠가와는 선종禪宗을 받드는 린자이지의 신자는 아니었다.

24, 5세 무렵 고향인 미카와의 절에 찾아가 에신 소즈가 만든 아미타불상을 구해달라고 부탁할 만큼 도쿠가와는 정토종에 깊은 관심을 가지고 있었다.

그러나 사실 도쿠가와는 젊은 시절부터 이 아미타불 때문에 많은 고통을 받았다. 단, 정토종이 아니라 일향종一向宗 때문이었다. 일향종은 정토진종淨土眞宗이라고도 불린다. 일향종을 믿는 신도들의 맹렬한 저항은 다이묘들의 저항 따위와는 비교할 수도 없었다.

노부나가와 히데요시도 그들의 저항 때문에 상당한 고통을 받았는데 도쿠가와 역시 마찬가지였다.

도쿠가와의 부하는 상당수가 일향종 신도였다.

일향종 신도들과 싸우기 위해 작전회의를 열면 그 부하들이 참석했다가 회의가 끝나면 즉시 신도들에게 달려가 작전 내용을 모두 알려주었다. 더구나 다음 날에는 부하들이 신도들의 선두에 서서 공격해오는 형편이었기 때문에 대처가 매우 어려웠다.

도쿠가와는 몇 번이나 위기에 빠졌는데 그때마다 그는 이런 유언을 했다.

"내일 만약 내가 전사하면 일향종 신도들에게 달려간 부하의 목을 쳐서 내 영전에 바쳐라. 그렇게 하지 않으면 나는 죽어서도 눈을 감지 못할 것이다."

꽤나 분했던 것 같다.

그렇기 때문에 일향종 신도들을 제압한 이후의 처벌은 매우 엄해서 그들과 한 약속을 위반하면서까지 사정없이 칼을 휘둘렀다.

그런 그가 어째서 아미타불에 집착한 것일까? 조금 다르긴 하지만 정토종과 일향종은 둘 다 아미타불을 받들었는데…….

여기에도 그만의 독특한 신앙심이 작용했다.

그는 측근에게 이런 말을 자주 했다.

"지금의 승려와 유학자는 올바른 지도자가 아니야. 원래 승려는 누더기 같은 가사 하나로 만족할 뿐 돈을 모으는 일이나 자신의 편안함은 바라지 않아야 하는데 지금의 승려들은 술을 마시고 맛있는 음식을 찾아다니며 금은보화를 모으는 데에만 집착하고 있어. 이것은 중생을 구하는 것이 아니라 오히려 망가뜨리는 거야. 이래서야 악마가 아니고 무엇이겠나. 그리고 유학자는 불교를 멀리하며 이단이라고 비웃고 있어. 그건 학자의 도리가 아니지. 그렇기 때문에 그들 중에 성인 따위는 있을 수 없어. 승려와 유학자는 모두 사기꾼이야."

매우 혹독한 비평이다.

하지만 맞는 말이다. 그는 종교인과 학자의 본질적인 위치를 확실하게 알고 있었다. 즉, 종교인과 학자의 본분을 설명한 것이다.

도쿠가와가 이상으로 제시한 종교인의 조건

일향종의 시조인 신란은 말했다.

"나는 아무리 오랫동안 노력을 해도 깨달음을 얻지 못하는 어리석은 인간이다. 그래서 절은 물론이고 제자도 키우지 않는다."

그리고 오직 '나무아미타불'만 외며 부처님께 의지해야 한다면서 평생 그렇게 살았다. 자신이 사망한 뒤의 무덤조차 초라한 장소를 선택했다.

도쿠가와는 이 사실을 알고 있었다.

그리고 그것이 진정한 종교인의 삶이라고 생각했다. 화려한 가사로 몸을 감싸고 가난한 신도들의 땀과 눈물의 결정체로 호의호식을 하는 승려 따위에게는 도저히 중생을 이끌 자격이 없다고 판단했다.

하긴 모든 종파의 시조는 중생과 함께 생활했다. 땀과 눈물을 공유했다. 더구나 그들 중에는 치산치수, 도로 확장 등의 진취적인 생활 기술을 구사하여 민중의 생활 수준을 높인 인물도 있다.

도쿠가와가 생각하는 종교는 현실 생활에 도움이 되는, 현재 살아 있는 사람들에게 도움이 되는 것이었다.

그렇기 때문에 그가 기대한 종교인의 조건은 매우 엄격했다. 하지만 그 조건에 맞는 종교인은 거의 없다고 판단했다.

그의 종교관은 다음과 같은 특색을 지니고 있다.

― 무사 계급이 믿는 이른바 선종에는 그다지 관심을 가지고 있지 않았다. 대중불교라고 말할 수 있는 정토종에 마음을 기울였다.

― 정토종의 근본 사상을 소중히 여겼으며 그런 본분을 잊고 호의호식하는 승려는 엄하게 공격했다.

― 그러나 정토종이 나쁜 종교라고 비난하지는 않았다.

― '시조의 가르침은 배울 점이 많지만 지금의 승려들은 그것을 지키지 않는다'라는 식으로 본질적인 가르침과 현실적인 승려들의 태도를 분명하게 구분했다.

하루에 7만 번이나 '나무아미타불'을 외고 쓴 도쿠가와는 자신이 호넨法然을 시조로 모시는 정토종이라고 해도 마음 한구석으로는 일향종의 신란을 강하게 의식하고 있었다.

좌우명으로 삼은 '염리예토 흔구정토'

도쿠가와는 불교의 공덕, 즉 부처님의 덕에 대해 다음과 같은 말을 했다.

"부처님의 공덕은 천하의 과부와 홀아비를 구하는 것이다."

즉 고독한 자를 구하는 것이 부처님의 공덕이라고 표현했다.

도쿠가와다운 표현이다. 여기에서 그가 인질로 있었던 13년 동안 무엇을 의지하며 살았는지 어렴풋이 짐작할 수 있다.

모든 희망을 빼앗긴 소년이 자신에게 미래가 없다고 판단했을 때, 무엇을 떠올렸을까? 아미타불 아니었을까?

소년은 두 손을 합장하고 낮은 목소리로 이렇게 중얼거린다.

"나무아미타불."

도쿠가와에게 아미타불은 고독한 자가 고독하기 때문에 선택할 수 있는 오직 하나의 존재였다. 깃발을 드높이고 적을 향해 나가며 승리를 위해 외치는 말이 아니었다.

도쿠가와는 정치와 신앙이 결부되어서는 안 된다고 생각했다. 스스로 이 두 가지가 결부된 시책을 실행하고 있다는 사실은 깨닫지 못한 채…….

도쿠가와는 이마가와 가에 인질로 있던 시절에 성인식을 올렸다. 그때 이름은 마쓰다이라 모토야스였다. '모토'는 이마가와 요시모토의 이름을 물려받은 것이다.

이때부터 이마가와 가를 위한 전투에 참가하게 되는데 전투에 나가기 전날에는 반드시 절을 찾았다고 한다. 그리고 부처님에게 절을 올리고 주지에게서 설법을 들었다.

이마가와 요시모토가 오케하자마 전투에서 오다 노부나가에게 대패했을 때, 도쿠가와는 이마가와 군 첨병부대의 대장이었다.

전투를 끝내고 물러난 도쿠가와는 고향인 오카자키의 절 다이주지에 들렀다. 그리고 이곳에서 이제 끝장이라는 생각에 할복을 하려 했다. 그때 토요라는 주지가 이렇게 말했다.

"염리예토厭離穢土, 흔구정토欣求淨土입니다."

욕심을 버리고 편안한 안식처를 얻으려면 용기를 내 당당히 싸우라는 의미였다.

그 말에 힘을 얻은 청년 도쿠가와는 할복을 포기했다. 그리고 이 말은 그의 좌우명이 되었다.

도쿠가와의 아버지는 열성적인 일향종 신도였다. 또 오카자키를 비롯한 미카와 국에는 진언종眞言宗을 받드는 절이 많았다. 그러니 도쿠가와가 정토종에 익숙한 환경에서 자란 것은 아니다.

이 점이 도쿠가와의 종교관을 더욱 복잡하게 만들었을 것이다. 그러나 어디까지나 종교의 본질을 소중히 여긴 그의 태도는 오늘날에도 충분히 생각해볼 가치가 있다.

4장
후계자 선택이
경영자의 능력을 결정한다

도쿠가와 막부의 기초를 확고히 다진
도쿠가와 이에야스의 탁월한 선택

태평성세의 지도자로
어울리는 인물은 누구인가

새로운 시대를 예견한 도쿠가와의 후계자 선택 기준

히데타다는 상속인이 아니었다

도쿠가와 이에야스는 세키가하라 전투가 끝나고 얼마 지나지 않은 게이초 8년(1603)에 쇼군이 되었다. 그러나 그로부터 2년이 지난 1605년 4월에 셋째 아들인 히데타다에게 쇼군 자리를 물려주고 은거에 들어갔다.

그러나 비록 은거는 했어도 모든 권한을 히데타다에게 물려준 것은 아니었다. 스루가의 슨푸 성에 틀어박힌 도쿠가와는 수많은 참모를 동원했다. 참모들은 승려, 학자, 외국인, 상인, 특별기능 보유자 등이었다.

이들을 관리한 인물은 혼다 마사즈미였다. 마사즈미는, 역시 도쿠가와의 심복인 혼다 마사노부의 아들이다. 마사노부는 도쿠가와의 명으로 에도 성의 히데타다를 보필하고 있었다.

도쿠가와의 이른바 '이원정치二元政治'다.

앞에서도 설명했지만 이를 이원정치로 비유하는 이유는 기획은 슨푸에서, 실행은 에도에서 했기 때문이다. 모든 정책은 슨푸의 참모들이 생각해냈다. 그것을 도쿠가와가 판단해 혼다 마사즈미를 통해 마사노부에게 연락하면 마사노부는 히데타다에게 보고했다.

"이번에 슨푸에 계시는 도쿠가와 님으로부터 이런 정책이 들어왔습니다."

그러면 히데타다는 이를 실행한다. 말하자면 슨푸에 있는 도쿠가와의 참모진은 두뇌였고 히데타다의 에도 막부는 몸체였다. 이런 구분은 도쿠가와의 특기다.

여기에서 주목해야 할 점은 스루가에 있는 도쿠가와를 보좌한 인물은 혼다 마사즈미고, 에도에 있는 2대 쇼군 히데타다를 보좌한 인물은 혼다 마사노부였다는 것이다. 마사노부와 마사즈미는 부자 관계다.

어째서 혼다 부자가 이렇게까지 강력한 힘을 발휘하게 되었을까?

어쩌면 모략가인 마사노부가 능숙한 수완을 발휘하여, '히데타다 님을 도쿠가와 님의 상속인으로 추천한 사람은 바로 나다'라는 소문을 냈던 것인지도 모른다.

많은 사람들이 그렇게 믿었다. 히데타다가 처음부터 도쿠가와의 상속인으로 확정되어 있던 것은 아니었기 때문이다. 사실 히데타다가 도쿠가와의 뒤를 잇는다는 것에 대해 중신들 사이에는 상당한 의견 충돌이 있었다. 즉, 중신들의 생각이 격돌했기 때문에 그렇게 간단한 이야기가 아니었다는 뜻이다.

분산된 사천왕의 의견

도쿠가와의 중신 중에 이른바 '사천왕'이라고 불리는 사람들이 있었다. 구체적으로는 사카이 다다쓰구, 사카키바라 야스마사, 이이 나오마사, 혼다 다다카쓰 등 4명이다.

혼다 마사노부, 마사즈미 부자는 신분이 매우 낮았고 도쿠가와와 진정한 주종 관계인지도 확실하지 않았다. 물론 사천왕에 포함되어 있는 혼다 다다카쓰와는 아무런 관계도 없었다. 즉 처음부터 중요한 신하로 대우받은 것은 아니었다.

"내 후계자로는 누가 적당할 것 같은가?"

도쿠가와는 처음 한동안, 사천왕에게 이런 질문을 자주 던졌다. 하지만 시간이 지남에 따라 사천왕의 대표격인 사카이 다다쓰구에게는 더 이상 의견을 묻지 않게 되었다. 사카이 다다쓰구도 도쿠가와에게서 점차 멀어지게 되었는데 여기에는 이유가 있다.

도쿠가와의 장남은 노부야스다. 노부야스의 '노부'는 오다 노부나가에게서 물려받은 것이다. 노부야스는 노부나가의 딸 고도쿠를 아내로 맞이했는데, 이 고도쿠가 노부야스에게 질투를 느낀 것인지 아니면 시어머니인 쓰키야마의 구박을 견디지 못한 탓인지 아버지인 노부나가에게 고자질을 했다.

"남편 노부야스와 그 어머니인 쓰키야마 님이 공모를 해서 다케다 가와 밀통하려 하고 있습니다."

노부나가는 그 말을 전적으로 믿지는 않았지만 자신의 딸이 한 말이기 때문에 잠자코 있을 수도 없었다. 그래서 도쿠가와에게 사자를 보내, 그런 소문을 들었는데 진상을 확인하고 싶으니 믿을 만한 중신을 보내달라고 부탁했다.

도쿠가와는 사천왕의 대표격인 사카이 다다쓰구를 보냈다. 하지만 사카이 다다쓰구는 전형적인 전국시대 무사로 이런 대화에는 적당하지 않은 인물이었다. 거짓말을 할 줄 모르고 어휘도 풍부하지 않았다. 게다가 하고 싶은 말을 막상 꺼내려고 하면 자기도 모르게 말을 더듬으며 잔기침을 하거나 아예 입을 다물어버렸다.

"이런 소문을 들었는데 사실인가?"

사카이 다다쓰구는 노부나가의 이 질문에 확실하게 답변하지 못했고 노부나가는 당연히 딸의 말이 사실일 가능성이 높다고 판단, 도쿠가와에게 의견을 제시했다.

"소문은 사실인 것 같습니다. 미안하지만 노부야스 님과 쓰키야마 님을 처리해주십시오."

결국 노부야스는 할복을 하게 되었고 쓰키야마는 참수형에 처해졌다. 그때까지 결코 행복하지 않은 생활을 보낸 도쿠가와지만 이것은 그의 인생에 가장 큰 오점이 되었다. 두 사람의 피는 평생 도쿠가와의 마음속에 짙게 배어 있었다.

"사카이 다다쓰구가 조금만 분명하게 부정했다면 이런 일은 일어나지 않았을 텐데……."

사람들은 그렇게 아쉬워했고 도쿠가와도 그렇게 생각했다. 그런 비난을 들은 사카이 다다쓰구는 점점 도쿠가와에게서 멀어져갔고 도쿠가와 쪽에서도 다다쓰구를 멀리했다. 이렇게 해서 사카이 다다쓰구는 노부나가에게 적절한 변명을 하지 못했다는 이유로 사천왕의 대표격인 위치에서 밀려나게 되었다.

그 이후 도쿠가와는 사카이 다다쓰구에게 자신의 후계자 문제를 의논하지 않게 되었다.

남은 아들 중 둘째인 히데야스의 '히데'와 셋째인 히데타다의 '히데'는 각각 도요토미 히데요시에게서 물려받은 이름이다. 게다가 히데야스는 히데요시의 양자가 되어 있었다.

"히데야스 님은 뛰어난 인물이지만 히데요시 님과 인연이 너무 깊습니다. 도쿠가와 님의 상속인으로는 생각해볼 필요가 있습니다."

중신들은 히데야스를 적극 추천하지 않았다. 히데요시와 인연이 깊다는 점이 불리한 조건으로 작용한 것이다.

한편 히데타다는 히데요시와 그 정도로 깊은 인연을 맺고 있는 것은 아니지만 얌전하고 패기가 없었다.

"히데타다 님이 훌륭하신 도쿠가와 님의 후계자로 어울릴지 모르겠군요."

중신들 사이에는 그런 의견이 많았다.

남은 사천왕 중의 세 명, 즉 사카키바라 야스마사, 이이 나오마사, 혼다 다다카쓰는 넷째 아들인 다다요시가 가장 적당한 인물이라고 합의했다. 다다요시는 머리도 좋고 용기가 있어 전투가 있을 때마다 항상 선두에 서서 무공을 세운 경력이 있기 때문이다.

"다다요시 님이야말로 우리가 받들기에 가장 어울리는 분입니다."

그래서 세 사람은 도쿠가와가 후계자에 관한 질문을 던

질 때마다 이렇게 대답했다.

"다다요시 님이 가장 적당한 후계자라고 생각합니다."

그래서인지 도쿠가와도 차츰 다다요시 쪽으로 마음이 기울게 되었다. 그러나 한편으로는 의문도 있었다.

'나는 히데요시 님의 뒤를 이어 일본을 평화롭게 만들 생각이야. 일본이 평화로워진다면, 전쟁터에서 용맹을 떨치던 다다요시가 제대로 정치를 할 수 있을까?'

현재와는 다른 태평성세를 생각할 때 다다요시가 적당한 지도자인지 걱정이 되었던 것이다.

아버지를 고발한 아들

도쿠가와의 그런 마음을 간파한 것은 아니었지만 오쿠보 다다치카, 혼다 마사노부 등은 생각이 달랐다.

"도쿠가와 님이 일본을 평화롭게 만드신다면 다다요시 님처럼 용맹스러운 무장은 지도자로 어울리지 않아. 오히려 마음이 너그럽고 부하들 의견에도 귀를 기울여 서로 합

의하면서 일을 진행하는 히데타다 님 같은 분이 어울려."

이렇게 마사노부와 다다치카는 셋째 아들인 히데타다를 염두에 두고 있었다. 그런데 다다치카는 도쿠가와가 의견을 물을 때마다 히데타다를 적극적으로 추천했지만, 교활한 마사노부는 함부로 히데타다의 이름을 입 밖에 내지 않았다.

"사실은 노부야스 님이 가장 잘 어울리는 분이었는데……" 하며 말꼬리를 흐렸다. 노부야스는 이미 할복을 하여 세상을 떠났으니 거론할 대상이 아니었다. 마사노부의 대답에 도쿠가와는 이맛살을 찌푸렸다.

'이 사람, 대체 무슨 말을 하는 거야?'

이윽고 세키가하라 전투가 일어났다. 셋째 아들인 히데타다는 대군을 이끌고 나카센도를 지나다가 도중에 신슈 우에다 성의 사나다 마사유키와 사나다 유키무라 부자를 공격했다. 당시 히데타다의 참모로 도쿠가와가 붙여준 인물이 혼다 마사노부와 오쿠보 다다치카였다.

"우에다 성 따위는 공격하지 말고 곧장 세키가하라로 향해야 합니다. 만약 늦게 도착하게 되면 아버님께 꾸중을 들 것입니다."

다다치카는 적극적으로 말렸지만 히데타다는 듣지 않고 젊은 혈기만 앞세웠다.

"어떻게 해서든 우에다를 함락해 아버지를 기쁘게 해드리고 싶다."

다다치카와 마사노부는 어쩔 수 없이 히데타다의 의견을 따랐다. 하지만 비록 지방 호족에 지나지 않아도 상당한 모략가였던 사나다 마사유키는 게릴라전을 이용해서 히데타다의 군사를 곤경에 빠뜨렸다. 그래서 히데타다 군은 우에다 성 옆에 발이 묶인 채 꼼짝도 하지 못하고 한 달이라는 시간을 소비했다. 결국 히데타다가 우에다 성 공격을 포기하고 세키가하라로 향했을 때, 아버지인 도쿠가와는 이미 이시다 미쓰나리에게 대승을 거둔 뒤였다.

"꼴도 보기 싫다!"

뒤늦게 도착한 히데타다를 향해 도쿠가와는 불같이 화를 내며 만나주지 않았다. 이때 적극적으로 히데타다를 감싸준 사람이 다다치카였다.

"히데타다 님에게는 아무 죄도 없습니다. 모든 죄는 참모인 제 책임입니다. 저를 처벌해주십시오."

"다다치카 님의 말씀이 맞습니다."

사카키바라 야스마사도 앞으로 나서며 이렇게 덧붙였다.

"히데타다 님은 도쿠가와 님의 뒤를 이을 상속인 후보 중의 한 분이십니다. 그런 분이 이렇게 중요한 전투에서 실수를 저질렀다는 이유로 책임을 추궁당한다면 그것만으로도 큰 상처가 됩니다. 그러니까 이번 문제는 조용히 해결하는 것이 바람직하다고 생각합니다."

그리고 상황 확인을 요청했다.

― 도쿠가와가 세키가하라 전투에서 승리를 거두었다는 소식을 히데타다에게 알린 사람은 누구인가? 그리고 그 시기는 언제였는가?

― 그 사자와 히데타다 군대가 만난 것은 언제, 어디서였는가?

일리가 있다고 판단한 도쿠가와는 즉시 조사해보라는 명령을 내렸다.

그 결과 히데타다에게 달려간 사자는 마침 큰비가 내린 탓에 도중에 많은 시간을 낭비, 도쿠가와가 생각하고 있던 시기에는 아직 히데타다를 만나지 못했다는 사실이 밝혀졌다. 도쿠가와는 안도의 숨을 내쉬는 한편 의문을 느꼈다.

'지금까지 야스마사는 히데타다가 평범한 인물로 후계자로는 어울리지 않는다면서 오히려 용기 있는 다다요시말로 후계자감이라고 주장했는데, 어째서 갑자기 히데타다를 감싸는 것일까? 중신들 생각은 짐작할 수 없어. 후계자를 정하는 일은 정말 어렵군.'

그러나 야스마사의 생각은 도쿠가와의 생각을 훨씬 넘어서는 것이었다. 그는 이렇게 생각하고 있었다.

'나는 다다요시 님이 가장 적당한 후계자라고 생각하지만 히데타다 님도 후계자 후보인 것은 틀림없다. 그런 분에게 전투에 늦게 도착했다는 이유로 상처를 입힐 수는 없지.'

즉, 무사다운 결벽증이다.

이때 재미있는 일이 또 일어났다. 혼다 마사노부의 아들인 마사즈미의 행동 때문이었다.

"다다치카 님께서 말씀하셨듯이 히데타다 님이 전투에 늦은 죄를 추궁하신다면 그 책임은 참모들에게 있습니다.

다다치카 님도 참모지만 제 아버지인 마사노부도 참모니까 같은 벌을 받아야 할 것입니다."

그 말을 듣고 모든 사람들이 깜짝 놀랐다. 도쿠가와도 어이가 없다는 표정으로 마사즈미를 바라보았다.

'자기 아버지를 고발하다니, 맹랑한 녀석 아닌가.'

그러나 마사즈미의 이런 행동은 도쿠가와의 머리에 깊이 박혀 지워지지 않았다.

태평성세에 맞는 참모의 조건

세키가하라 전투 직후, 도쿠가와는 다시 후계자 문제를 거론했다.

"내 후계자로는 누가 적당하겠는가?"

"다다요시 님이 적당하다고 생각합니다."

사천왕의 대표격인 이이 나오마사가 말했다.

"저는 히데타다 님이 적당하다고 생각합니다."

오쿠보 다다치카는 지금까지와 마찬가지로 히데타다를

추천했다. 그즈음에는 혼다 마사노부도 도쿠가와의 측근으로 격상되어 있었다. 도쿠가와가 마사노부에게 물었다.

"자네는 어떻게 생각하는가?"

"저는 히데야스 님이 적당하다고 생각합니다."

마사노부가 대답했다.

"흐음."

도쿠가와는 고개를 끄덕이더니 아무 말도 하지 않았다. 하지만 마음속으로는 이런 생각을 하고 있었다.

'다다치카와 마사노부는 평소에도 그다지 마음이 맞지 않는데 후계자 추천 문제로도 의견이 벌어지고 있어.'

어쨌든 도쿠가와는 중신들의 분산된 의견 때문에 쉽게 결정을 내릴 수 없었다.

마사노부는 젊은 시절에 다다치카의 아버지인 오쿠보 다다요에게 도움을 받은 적이 있었다.

열성적인 일향종 신도였던 마사노부는 미카와 국에서 일향종 신도들이 지배자인 도쿠가와를 공격해 전투가 벌어졌을 때 그들을 이끄는 대장이었는데 전투에서 패하자 호쿠리쿠 방면으로 탈출했다. 이때 마사노부가 없는 가족의 생활을 보살펴준 사람이 오쿠보 다다요다.

한편 다다요는 도쿠가와에게 이렇게 청했다.

"혼다 마사노부는 가능성이 있는 인물입니다. 부디 죄를 용서하시고 너그럽게 받아들이시는 것이 어떻겠습니까?"

도쿠가와는 떨떠름한 표정으로 그 부탁을 받아들였고 다시 돌아온 마사노부는 일단 매를 다루는 하급 관리로 재기하게 되었다. 다다요에게 큰 신세를 진 것이다. 아니, 신세 정도가 아니라 생명의 은인이었다. 그리고 다다치카는 바로 그 다다요의 아들이었다.

하지만 무슨 이유에서인지 마사노부는 다다치카에게 그런 예의를 갖추지 않았다. 오히려 적대적인 태도를 보였기 때문에 마사노부의 과거를 아는 사람들 사이에서는 이런 소문이 나돌았다.

"마사노부는 다다요 님에게 신세를 진 것을 그 아들인 다다치카 님에게 갚는다는 게 내키지 않는 거야. 다다치카 님을 밀어내고 자신이 도쿠가와 님 측근이 되고 싶은 거지."

그래서 혼다 마사노부는 철저한 야망가로 알려졌다.

하지만 도쿠가와의 견해는 달랐다. 도쿠가와는 오사카 전투가 끝났을 때 이렇게 선언했다.

"일본에서는 두 번 다시 전쟁이 일어나지 않을 것이다."

그리고 후계자로 셋째 아들인 히데타다를 선택했다. 사실 히데타다가 완벽한 후계자라고는 생각하지 않았지만 다다치카의 말이 크게 작용했다.

"쇼군이 어느 정도 능력이 부족하다고 해도 좋은 참모들만 있으면 얼마든지 훌륭한 정치를 펼 수 있습니다."

그래서 결국 결론을 내린 것이었다.

'한 사람이 모든 것을 통제하면 오다 노부나가 님 같은 결과를 맞게 돼. 역시 여러 사람 의견에 귀를 기울이는 집단 지도체제를 선택하는 것이 좋겠어.'

특히 태평성세에는 더더욱 그런 정치가 바람직할 것이라고 생각했다.

그렇게 되니 지도자를 보좌할 참모들의 적성이 문제가 되었다. 도쿠가와는 평화선언을 했으니만큼, 평화시 참모의 역할에 대해서도 다른 생각을 가지고 있었다.

'때로는 자신이 오명을 뒤집어쓰더라도 비정하게 전체

를 정리할 수 있는 근성이 있는 인물이어야 한다.'

그런 기준을 적용하자 두각을 드러낸 인물들이 혼다 마사노부와 그 아들 마사즈미였다. 두 사람은 비정한 야망가로 불리고 있었기 때문이다. 인정이 많으면 참모 노릇을 제대로 할 수 없다.

여기서 재미있는 점은, 굴절된 인간관리 방식을 구사하는 도쿠가와는 히데타다를 추천한 오쿠보 다다치카보다 히데야스를 추천한 혼다 마사노부와 그 아들 마사즈미 쪽이 히데타다를 보좌하기에 적당한 참모라고 판단했다는 점이다. 사람에 대한 이런 통찰력은 도쿠가와의 특색이었다.

부처 같은 참모, 악귀 같은 참모

히데타다가 쇼군으로 등극하는 의식을 치른 직후, 오쿠보 다다치카의 아들 다다쓰네가 사망했다. 큰 기대를 가지고 있던 아들이었기 때문에 다다치카의 슬픔은 매우 컸다. 다다쓰네의 장례식은 다다치카의 근거지인 오다와라 성에서 거행되었고 수많은 다이묘와 하타모토들이 참석했다. 그러자 도쿠가와가 이맛살을 찌푸렸다. 혼다 마사노부, 마사즈미 부자도 맹렬하게 비난했다.

"다다치카 님은 공사를 구별할 줄 모릅니다. 아무리 소중한 아들의 장례식이라 해도 전국의 다이묘와 하타모토들이 참석하다니, 설사 그들이 참석하려 해도 거절해야 할 일인데 오히려 스스로 초대를 하다니 이해할 수 없습니다. 지금은 새로운 쇼군께서 등극하신 지 얼마 지나지 않은 때여서 무슨 일이 발생할지 모르는 불안정한 상황입니다. 그런데 에도 성을 텅 비도록 만들다니, 분별없는 행동이 아닐 수 없습니다."

도쿠가와는 잠자코 있었지만 마음속으로는 고개를 끄덕이고 있었다.

'맞는 말이야.'

이윽고 다다치카는 마사노부의 공작에 밀려 실각한다. 오쿠보 나가야스와 관련된 소문이 문제의 발단이었다. 과거 다케다 신겐의 가신으로 일했던 오쿠보 나가야스는 광산 개발과 토목 건설 능력이 뛰어난 기술자였다. 또 농사일

에도 밝았기 때문에 도쿠가와의 사랑을 듬뿍 받았다.

그런데 이 나가야스가 스페인과 손잡고 일본을 팔려 한다는 소문이 나돌았다. 그것을 위해 군자금을 대량 축적하고 있다는 말이었다. 이것이 발각돼 나가야스는 죽음을 면하기 어려웠다. 그런데 이런 소문도 있었다.

"오쿠보 나가야스의 배후에는 오쿠보 다다치카가 있다."

물론 그것은 사실이 아니었다. 다다치카는 그런 인물이 아니었다. 그러나 마사노부가 끝까지 다다치카를 물고 늘어진 이유는, 다다치카는 히데타다를 보좌할 적임자가 아니라고 판단했기 때문이다. 그는 자신이 훨씬 더 적임자라고 잘라 말했다.

도쿠가와는 대국을 위해서는 철저하게 비정해지는 마사노부를 믿었다. 그렇기 때문에 다다치카가 실각하는 것을 잠자코 지켜보았다.

도쿠가와 쪽에서 보면, 지금까지 중신들의 각기 다른 의견 속에서 고민한 끝에 마침내 떨떠름한 마음으로 히데타다를 후계자로 선택한 것이다. 히데타다 혼자서는 정치를 제대로 해낼 수 없다. 역시 강력한 참모가 필요하다.

그러나 그 참모는 다다치카처럼 인정이 많아서는 안 된다. 중요한 상황에는 얼마든지 비정해질 수 있는 혼다 부자 같은 인물이어야 한다. 혼다 부자가 아무리 야망이 크고 비정한 인물들이라고 해도 적어도 도쿠가와 히데타다에게는 충성을 다하고 있다.

"새로운 시대에 맞는 참모는 혼다 부자야."

도쿠가와는 그렇게 결단을 내렸다. 부처 같은 참모보다는 악귀 같은 참모를 선택한 것이다.

하지만 도쿠가와가 사망하고 얼마 지나지 않아 혼다 마사노부도 세상을 떠난다. 살아남은 아들 마사즈미 또한 정치적 숙적에게 발목을 잡혀 마음대로 활동할 수 없게 된다. 마침내 '우쓰노미야 사건' 때문에 실각한 그는 73세까지 아키타의 사타케 가에서 기거하다가 덧없이 세상을 떴다.

그는 줄곧 이런 불평을 했다.

"히데타다 님은 왜 나를 이렇게 대하는 거야?"

그도 다다치카와 마찬가지로 정권 교체의 희생자였다.

가장 뛰어난 후계자를 잃다

도쿠가와에게는 11명의 아들과 6명의 딸이 있었다. 요즘도 그렇지만 딸은 대개 후계자에서 제외된다. 도쿠가와의 경우도 마찬가지였다.

그렇다고 남은 아들 모두에게 상속 자격이 있는 것은 아니다. 일반적으로는 장남에게 우선권이 있다. 그리고 그 당시에는 역시 적자(본처의 아들)에게 우선권이 있다. 서자(첩의 아들)는 그다음이다.

그다음이라고 해서 적자인 장남 다음이라는 뜻은 아니다. 적자가 몇 명이 될 경우에는 그들에게 우선권이 돌아간 다음에야 서자에게 자격이 돌아온다는 뜻이다. 상속을 둘러싼 집안 다툼은 대개 이 순위 때문에 발생한다.

다시 말하지만 도쿠가와의 장남은 노부야스다. 어머니는 쓰키야마. 노부야스는 인품과 능력을 고루 갖춘 인물이었다. 도쿠가와와 동맹을 맺은 오다 노부나가는 자신의 딸 고도쿠를 노부야스와 결혼시켰다. 정략결혼이다.

비록 정략결혼이었지만 노부야스와 고도쿠는 사이가 좋

았다. 그러자 이 점을 질투한 쓰키야마가 며느리를 구박하기 시작했다. 고도쿠가 아들을 낳지 못하기 때문에 무장의 아내가 될 자격이 없다는 이유에서였다. 또 쓰키야마는 노부야스에게 첩을 얻으라고 권하기까지 했다.

고도쿠는 아직 젊은 나이였다. 분노를 삭이기 어려웠던 그녀는 아버지인 노부나가를 찾아가 있는 말 없는 말로 고자질했다. 노부야스가 싫은 것은 아니었지만 자신을 구박하는 시어머니에게 제대로 대항하지 못한다는 점에서 노부야스 험담도 함께 했다.

노부나가는 이것을 기회로 도쿠가와에게 노부야스와 쓰키야마를 죽이라고 제안했다. 도쿠가와는 쓰키야마에게는 그다지 애정이 없었지만 노부야스는 사랑하고 있었다. 가신들은 이 우수한 청년 무장을 도쿠가와의 후계자로 기대하고 있었다. 도쿠가와도 그런 생각을 가지고 있었다.

하지만 그 당시 도쿠가와는 소기업 사장이었다. 모회사 회장인 노부나가의 제안은 곧 명령이고 그것을 거역할 수는 없었다.

도쿠가와는 노부나가의 속셈을 잘 알고 있었다.

노부야스는 고도쿠 때문에 살해되는 것이 아니었다. 우수하고 능력 있는 인물로 언젠가 노부나가를 위협하는 존재가 될 것이라는 점이 진짜 이유라는 생각이 들었다. 천하를 노리는 노부나가는 그럴 자격이 있는 노부야스를 경계한 것이다.

그런 사실을 알고 있었지만 당시의 도쿠가와는 노부나가의 명령을 따르지 않을 수 없었다. 거역하면 도쿠가와 자신을 직접 노릴 것이 뻔하기 때문이었다. 후계자를 살해하라는 지시에 분노를 느끼면서도 도쿠가와는 결국 노부야스를 할복시키고 그 어머니인 쓰키야마를 처형했다.

노부야스는 할복을 하면서 비통한 목소리로 부하들에게 이렇게 소리쳤다.

"아버지께 이유가 무엇이냐고 여쭈어주게."

소기업의 경영자인 도쿠가와는 이 사건으로, '자회사의 사장이 지나치게 유능하면 모회사는 결코 달갑게 생각하지 않는다'는 진리를 깨달았다. 도쿠가와는 자신의 가장 유력한 후계자를 노부나가 때문에 잃어버린 것이다.

하지만 그는 그 일을 원망하지 않고 평생 동안 노부나가에 대한 의리를 지켰다. 그래서 세상 사람들은 도쿠가와를 의리 있는 인물이라고 칭송했다.

후계자 후보에 대한 도쿠가와의 인물평

둘째 아들은 히데야스다. 하지만 히데야스는 도요토미 히데요시의 양자가 되었다. 히데야스의 '히데'는 히데요시의 '히데'를 물려받은 것이다. 나중에 유키 가로 들어간 이후에는 성도 바꾸었다. 그렇기 때문에 유키 히데야스로 알려져 있다.

그는 게이초 12년(1607)에 사망했는데 그때 나이 34세였다. 도쿠가와가 셋째 히데타다에게 사장 자리를 물려준 것은 게이초 10년께니까 그 당시 히데야스는 살아 있었다.

하지만 히데야스를 후계자로 삼지 않은 이유는 역시 한때 도요토미 히데요시의 양자였기 때문이라고 알려져 있다. 이것은 양쪽 부친 간의 정치적인 이유에서 이루어진 것일 뿐 특별히 히데야스의 책임은 아니지만, 도쿠가와가 보기에는 그것이 오점이었다.

    도쿠가와는 여론을 매우 중시했기 때문에 조금이라도 오점이 있는 아들은 후계자 후보로 삼지 않았다. 이런 경우 후계자로 발탁되는가 되지 못하는가 하는 문제는 당시의 분위기에 따라 결정된다. 단적으로 표현한다면 '운'에 달린 문제다.

    도쿠가와는 쓰키야마를 처형한 이후, 히데요시의 여동생인 아사히를 제외하면 본처를 얻지 않았다. 그 후의 아내들은 모두 첩이었다.

    따라서 할복한 노부야스 이외에는 모두 서자다. 둘째의 어머니는 오만, 셋째와 넷째의 어머니는 사이고노 쓰보네, 다섯째의 어머니는 시모야마, 여섯째와 일곱째의 어머니는 자아, 여덟째와 아홉째의 어머니는 가메, 열 번째와 열한 번째의 어머니는 오만(둘째 어머니와 동명이인)이다. 이 중에서 다섯째와 일곱째, 여덟째는 일찍 세상을 떴다.

    후계자 후보에서 우선 장남, 둘째, 다섯째, 일곱째, 여덟째가 제외된다. 아홉째 아들 이하는 세키가하라 전투 이후에 태어났으니까 역시 제외된다. 그럴 경우 남는 인물은 세 명이다.

— 셋째: 히데타다

— 넷째: 다다요시

— 여섯째: 다다테루

도쿠가와가 천하의 지배자로 공인을 받아 쇼군에 오른 것은 게이초 8년(1603)으로, 이때 그는 62세였다. 그 2년 후에 히데타다에게 자리를 물려주었으니까 꽤 오래전부터 후계자를 생각하고 있었을 것이다.

하지만 세키가하라 전투는 천하의 패권을 다투는 큰 싸움이었기 때문에 이길 수 있다는 자신이 없었다. 그러니까 도쿠가와가 자신의 후계자에 대해 진지하게 생각하기 시작한 것은 이 전투 이후라고 보아야 한다.

그렇게 생각하면 넷째인 다다요시도 제외된다. 세키가하라 전투에서 부상한 그는 그 이후 줄곧 건강이 안 좋다가 결국 게이초 12년(1607)에 세상을 떴다.

남은 인물은 히데타다와 다다테루 두 명인데, 그즈음 도쿠가와는 두 아들을 이렇게 판단하고 있었다.

— 히데타다: 평범한 인물. 세키가하라 전투에서 사나다

마사유키에 저지당해 제시간에 도착하지 못한 부족한 대장.

— 다다테루: 기지가 뛰어나고 능력도 있는 인물.

그러나 앞으로 도쿠가와 막부는 쇼군의 독재가 아니라 중역들의 의견을 수렴해 운영해야 한다는 사고방식을 가지고 있던 도쿠가와는 자신의 후계자를 누구로 해야 좋을지 중역들에게 의논했다. 세키가하라 전투가 끝난 직후다.

이야기의 앞뒤가 바뀌지만, 그런 질문을 받은 중역은 오쿠보 다다치카, 혼다 마사노부, 이이 나오마사, 혼다 다다카쓰, 히라이와 지카요시 등 5명이다. 도쿠가와는 솔직하게 의견을 말해달라고 부탁했다. 성격적으로 보면 마사노부만 문신이고 나머지는 모두 무신이다.

"걱정하지 말고 각자의 생각을 말해보게."

도쿠가와가 재촉하자 각자 자신이 생각하는 후계자로 적합한 인물을 거론했다.

— 이이 나오마사: 마쓰다이라 다다요시(넷째 아들)

— 혼다 마사노부: 유키 히데야스(둘째 아들)

— 오쿠보 다다치카: 히데타다(셋째 아들)

— 혼다 다다카쓰, 히라이와 지카요시: 확실하게 결정할

수 없음.

'재미있어.'

도쿠가와는 마음속으로 그렇게 생각했다. 중역들의 생각이 정리되지 않은 데다 자신과도 생각이 달랐기 때문이다. 히데야스나 다다요시를 거론하는 자도 있는데 다다테루를 거론하는 자는 아무도 없었다.

'흠. 중역들에게는 그들 나름대로 사장에 대한 이미지가 있는 것 같아.'

도쿠가와는 그렇게 생각했다. 그리고 논쟁이 시작되었다.

문신과 무신의 엇갈리는 의견

이이 나오마사는 비교적 빨리 다다요시만 주장하지 않겠다고 양보했다. 하지만 도쿠가와는 나오마사의 표정을 보고 여전히 다다요시에게 마음을 두고 있다고 판단, 이 문제로 감정이 상하지 않기를 바랐다. 도쿠가와가 염두에 두고 있는 후계자 후보에는 다다요시가 들어 있지 않았다.

도쿠가와 가의 계보

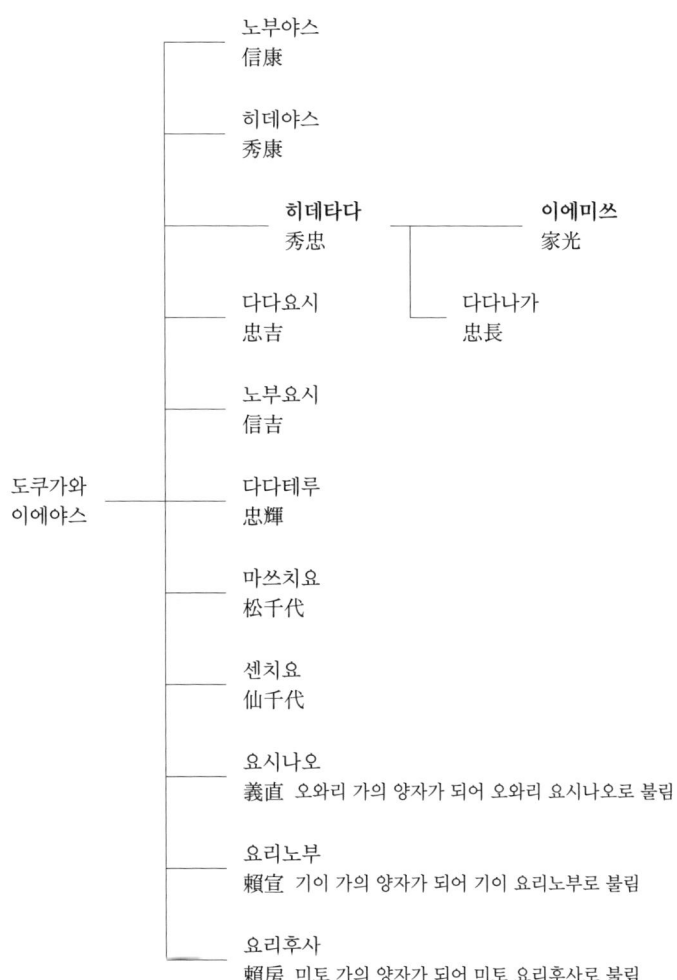

후계자 선택이 경영자의 능력을 결정한다

결국 혼다 마사노부가 추천하는 히데야스와 오쿠보 다다치카가 추천하는 히데타다의 싸움이 되었다.

"도요토미 히데요시 님을 생각한다면 히데타다 님의 '히데'도 히데요시 님에게서 물려받은 것 아닙니까?"

마사노부는 그렇게 주장했다. 도쿠가와는 마음속으로 쓴웃음을 지었다. 맞는 말이었기 때문이다.

"히데야스 님은 무예와 지략이 모두 뛰어날 뿐 아니라 현재 장남이십니다."

마사노부가 한 마디 더 덧붙이자 다다치카가 나섰다.

"도쿠가와 님께서는, 천하가 태평성세를 맞이한 일본에는 더 이상 무용담은 필요 없다고 말씀하셨습니다. 그러니까 무예보다는 얼마나 평화롭게 나라를 다스리는가가 더 중요합니다. 히데타다 님이 가장 잘 어울리는 후계자입니다."

도쿠가와가 보기엔 재미있는 논쟁이었다. 문신인 마사노부가 무예를 앞세우는 히데야스를 추천하고 무신인 다다치카가 문장을 앞세우는 히데타다를 추천하고 있으니 말이다.

결론은 나지 않았다. 마사노부와 다다치카가 서로 양보

하지 않으려 했기 때문이다. 그럴 수밖에 없었다. 회의 내용은 어차피 밖으로 새나가 화제가 될 것이다. 그럴 경우 자연스럽게 파벌이 만들어진다.

자신이 추천한 인물이 후계자가 되면 다행이지만 그렇지 않을 경우에는 미움을 사게 된다. 어쩌면 찬밥 신세로 전락할 수도 있고 그 정도는 아니라 해도 앙금이 남을 것은 분명하다. 그렇기 때문에 두 사람의 논쟁은 쉽게 결말이 나지 않았다.

도쿠가와는 생각에 잠겼다.

'아무런 앙금도 남기지 않고 모든 가신을 너그럽게 포용할 수 있는 인물은 히데야스일까, 아니면 히데타다일까?'

무장인 히데야스는 히데타다를 추천한 다다치카에게 반감을 가질 수밖에 없으리라는 판단이 들었다. 히데야스가 쇼군이 될 경우 다다치카와는 관계가 불편해질 것이다.

'그런 점에서 볼 때, 히데타다는 마음이 넓기 때문에 가신을 모두 포용할 수 있을 거야.'

사실 도쿠가와는 회장 자리를 물려주더라도 섭정을 할 생각이었다. 그런데 히데야스가 회장이 되면 뒤에서 조종

하는 것이 쉽지 않다. 도쿠가와가 돕지 않아도 혼자서 잘 해낼 것이기 때문이다. 히데야스는 그런 능력이 있었다.

이틀 정도 생각한 끝에 도쿠가와는 다시 중역들을 모았다. 그리고 이렇게 발표했다.

"다다치카의 의견을 받아들여 히데타다를 후계자로 삼겠다."

이렇게 해서, 히데타다는 2대 쇼군이 되었다. 중역들은 그대로 중용되었고 앙금은 전혀 남지 않았다.

2대 쇼군 도쿠가와 히데타다의 리더십

도쿠가와 이에야스의 기대에 부응한 후계자

도쿠가와의 은퇴 전략

기업에서 자주 문제가 되는 것이 사장과 회장의 권한이다. 전 사장인 회장이 완전히 물러나 사장실에 걸려 있는 사진 속에만 존재한다면 아무런 문제가 발생하지 않지만, 여전히 결정권을 가지고 있을 경우 여러 가지 반응이 나타난다.

도쿠가와 이에야스와 그 아들인 2대 쇼군 히데타다의 관계는 바로 그런 '회장'과 '사장'의 관계였다. 그것도 회장이 여전히 실권을 움켜쥐고 있는 경우였다.

도쿠가와가 히데타다에게 쇼군 자리를 물려준 것은 자신에게 더 이상 능력이 없다고 판단했기 때문이 아니다.

"도쿠가와 정권은 잠정적인 것으로 언젠가 도요토미 가로 귀속될 것이다."

당시에는 이렇게 생각하는 사람이 많았다. 즉 히데요시의 아들 히데요리가 성인이 되면 정권이 그쪽으로 넘어가게 될 것이라는 생각이었다. 그러나 도쿠가와는 자신의 아들에게 정권을 물려주었고 거기에는 이런 뜻이 담겨 있었다.

"도쿠가와 주식회사의 사장 자리는 앞으로 내 자손이 물려받는다."

그것은 세상의 상식을 뒤엎는 선언이기도 했기 때문에 은거를 서둘렀던 것이다. 히데타다의 능력을 높이 평가했기 때문은 아니었다. 회장 자리로 물러나 앉아서도 여전히 실권을 움켜쥐고 배후에서 히데타다를 조종할 생각이었다.

게다가 도쿠가와는 히데타다를 평범한 인물로 보고 있었다. 자기가 보살펴주지 않으면 아무것도 할 수 없는 인물이라고 판단, 자기를 과시하는 마음도 포함하여 자리를 물려준 것이다.

히데타다에게 자리를 물려주고 슨푸 성으로 물러난 도쿠가와는 여러 분야에서 참모들을 모았다. 그리고 이 참모들이 짜내는 지혜를 에도로 보내 히데타다에게 실행시켰다.

즉, 슨푸 기관과 에도 기관이 양립하는 형태로 도쿠가와 주식회사의 운영을 시작, 슨푸 기관은 '입안', 에도 기관은 '실행'을 담당하는 식으로 기능을 분담했다.

회장이 사장을 리모트 컨트롤했다고 표현할 수 있다. 그러면 사장인 히데타다가 정말로 조종만 당했을까?

독자성을 발휘한 히데타다

도쿠가와는 히데타다에게 이런 주의를 자주 주었다.

"너는 지나치게 교과서적이야. 좀 더 폭넓은 사고방식을 가지지 않으면 정치는 할 수 없어."

이런 이야기가 있다.

어느 날, 히데타다가 슨푸로 와서 도쿠가와와 여러 가지 의논을 했다. 체류 기간은 두 달에 이르렀다. 도쿠가와는 혼자 지내는 히데타다가 걱정이 되어 시녀를 불렀다.

"너, 지금 히데타다 님에게 차와 과자를 갖다 드리도록 해라."

"알겠습니다."

"그리고 거기서 자도록 해라."

"네?"

시녀는 자기도 모르게 도쿠가와의 얼굴을 올려다보았다.

'이건 명령이다.'

도쿠가와의 눈은 그렇게 말하고 있었다.

시녀는 즉시 히데타다의 거처로 걸음을 옮겼다. 히데타다는 시녀의 태도를 보고 그녀가 무엇을 하러 온 것인지 알았다. 그리고 그것이 아버지의 명령이라는 사실도 깨달았다. 그러자 갑자기 시녀를 상석에 앉히더니 자신은 방문까지 물러나 예의를 갖추고 공손하게 말했다.

"당신은 아버지를 받드는 시녀니 상석에 앉는 것이 당연합니다. 그리고 아버지께서 내려주신 차와 과자, 감사하다고 전해주십시오."

그런 상황에서는 차마 함께 자자는 말을 할 수 없었다.

시녀는 얼굴을 붉게 물들이고 도쿠가와에게로 돌아갔다.

"그 녀석의 교과서적인 태도는 도저히 흉내낼 수 없어."

도쿠가와는 이렇게 말했다지만 사실은 어땠을까? 히데타다는 진심으로 여자를 물리칠 정도로 교과서적인 인물은 아니다. 히데타다는 단지 도쿠가와의 방식을 거절한 것이다. 확대해서 해석한다면 이런 선언이다.

"에도 기관에서는 이런 방식을 받아들일 수 없습니다."

물론 히데타다는 도쿠가와가 슨푸에서 짜낸 많은 안건을 실행했다. 그러나 그 실행 과정에는 다음과 같은 새로운 축이 첨가되었다.

— 공식적인 문서에는 도쿠가와 이에야스라는 이름을 일체 사용하지 않는다. 도쿠가와 히데타다라는 이름만 사용한다.

— 슨푸의 지시는 원칙이다. 따라서 실정에 맞지 않는 부분은 수정한다.

— 수정을 할 때에는 도쿠가와 막부의 위력을 증대시킬 수 있는 부가가치 창조를 염두에 둔다.

— 안건을 실행할 때에는 공과 사를 엄격히 구분하고 사

적인 감정에 얽매이는 특례 조항은 만들지 않는다.

언뜻 보면 특별한 내용이 없는 듯하다. 하지만 이 방침에 따르다 보면 도쿠가와 막부의 위세는 더욱 강해지고 그에 따라 쇼군인 도쿠가와 히데타다의 이름도 더욱 유명해진다. 즉 도쿠가와 이에야스의 이름이 아니라 도쿠가와 히데타다의 이름이 더 유명해지는 것이다.

또 한 가지, 히데타다가 도쿠가와와는 별도로 독자적으로 실행한 일이 있다.

가신단 양성.

히데타다에게는 도쿠가와가 붙여준 참모가 많았다. 그들은 그대로 존중하면서 어린 시절부터 함께 공부한 친구들을 중심으로 '히데타다에게 충성을 다하는 가신' 그룹을 따로 양성한 것이다.

부하를 부리려 해서는 안 된다

도쿠가와는 사람을 부리는 능력이 뛰어났지만, 히데타다는 사람의 마음을 끌어들이는 능력이 뛰어났다. 지나치게 긴장한 부하가 실수를 할 경우에는 갑자기 조는 시늉을 하며 모르는 척 눈감아주었다. 그리고 늘 이런 말을 했다.

"부하를 부리려 해서는 안 된다. 부하에게 부려져야 한다."

또 이런 말도 했다.

"한번 믿은 부하는 어떤 악평이 있더라도 끝까지 믿는다."

그리고 실천에 옮겼다.

주의해서 살펴보면 이것들은 아버지 도쿠가와와는 반대되는 행동이다. 도쿠가와는 분단 지배의 명수였다.

— 사람은 일단 의심해본다.

— 부하끼리 서로 의심하게 하여 견제시킨다.

그러니 히데타다의 관리 방법이 인기를 얻은 것은 당연한 결과다. 일찍이 도쿠가와를 받들던 자들도 히데타다의 부하가 된 이후에는 도쿠가와보다 히데타다가 훨씬 더 편하다고 했다. 히데타다의 인기는 확실하게 상승했다.

도쿠가와는 어떤 기분으로 이런 현상을 지켜보고 있었을까?

아들이 잘하고 있다고 생각했을까, 아니면 자신을 능가

도쿠가와 히데타다의 영정(마쓰다이라의 니시후쿠지西福寺 소장)

도쿠가와 히데타다德川秀忠, 1579~1632

"사람은 누구나 결점이 있다. 과거의 잘못만 따져서는 안 된다.
오히려 앞으로 어떤 일을 할 수 있는지 그 점을 눈여겨보아야 한다."

한다는 생각에 질투와 경계심을 느꼈을까?

도쿠가와가 제시한 의견 중에서 히데타다가 가장 강력하게 반대하고 나선 것은 후계자 문제였다. 도쿠가와는 이에미쓰를 후계자로 삼아야 한다고 생각했지만 히데타다는 이에미쓰의 동생인 다다나가를 염두에 두고 있었다. 이에미쓰의 유모인 가스가노 쓰보네가 도쿠가와에게 하소연하지 않았다면 히데타다는 다다나가에게 자리를 물려주었을지도 모른다.

아버지는 너구리, 아들은 오소리

정책 면에서 히데타다가 도쿠가와의 조종을 받지 않고 독단적으로 실행한 것들은 다음과 같다.

— 다이묘들의 인사 이동제 확립.
— 오사카를 직할시로 만든 것.
— 천황가에 접근한 것.

다이묘들의 이동은 매우 심해서 히데타다 시대에 이동

한 다이묘만도 39명이나 된다. 바로 이런 인사 이동제가 확립됨으로써 다이묘들은 전혀 자신이 자리를 선택할 수 없게 되었다.

오사카를 중시한 이유는 히데타다를 비롯한 참모진이 세 가지 극단적인 구조를 생각했기 때문이다.

― 정치는 에도.

― 경제는 오사카.

― 문화는 교토.

천황가 접촉은 딸 가즈코를 황후로 들여보냈다는 점에 잘 나타나 있다. 더구나 황실에 할애하는 비용을 두 배로 늘렸다.

도쿠가와는 이런 일은 하지 않았다.

그는 하야시 라잔으로 하여금 일본의 왕은 자기라는 말을 하게끔 유도했던 인물이다. 그래서 정치는 자신이 알아서 할 테니까 천황과 귀족은 일본의 옛 문화를 유지하라는 법 조항까지 만들었다. 그러니까 히데타다는 그런 아버지의 방침을 위반했다고 말할 수 있다.

히데타다가 이런 태도(초대 쇼군의 방침을 따른 것은 분명하지만 사실은 상당히 변질되어 있는 태도)를 취한 것은 자신의 가신들이 있었기 때문이다. 이 힘은 강력하게 그를 지탱해주었다. 그리고 또 한 가지 행운이었던 것은 초대 쇼군인 도쿠가와와 그 참모들이 늙어 점점 권력을 휘두르지 못하게 되었다는 점이다.

아무리 과거의 예를 들어가며 설명해도 에도에서 정규교육을 받은 젊은 사람들에게는 통하지 않았다. 전쟁 경험이 전혀 없는 세대도 늘어갔다. 일본 전체가 세대교체 시기에 접어들었던 것이다. 히데타다는 이런 시대적 기류를 확실하게 읽고 있었다.

그럼 도쿠가와는 어땠을까?

그도 역시 '시대'를 느끼고 있었다. 도쿠가와 자신이 시대의 선구자로 살아온 무장이었다. 그러나 태평성세로 접어든 이후 나타난 '새로운 인류'는 도쿠가와의 이해 범위를 벗어나 있었기 때문에 도저히 따라잡을 수 없었다.

히데타다는 시대에 맞게 정확하고 적절하게 대응해갔다. 생각해보면 이것도 도쿠가와의 입장에서는 외로움을 느낄 수밖에 없는 사실이다. 인형이 자신의 리모컨에서 벗어나 독자적으로 움직이기 시작했기 때문이다. 도쿠가와는 말년에 그런 외로움이 있었다. 그런 의미에서는 도쿠가와도 '전국시대의 로맨티스트'라고 말할 수 있다. 도쿠가와는 너구리 영감이라고 불렸지만 히데타다는 그에 못지않은 오소리였던 것이다.

히데타다의 덕은 도쿠가와보다 한 수 위였다

지금까지 설명한 대로 히데타다는 중역들의 토론을 거쳐 도쿠가와의 상속인으로 결정되었다.

『명장언행록名將言行錄』이라는 책이 있다. 전국시대부터 에도시대에 걸쳐 여러 인물의 언행을 엮은 것이다. 그 책의 히데타다 항목 첫머리에는 이런 표현이 있다.

"히데타다는 어린 시절부터 덕이 있었다."

그리고 이런 문장도 있다.

"히데타다의 덕은 아버지인 도쿠가와도 따르지 못했다."

물론 『명장언행록』은 인물들에 대한 후대의 평가를 참

고하여 쓰인 책이다. 살아 있을 때의 히데타다를 만나 그런 느낌을 받은 것은 아니다. 많은 서적에 씌어 있는 내용을 참고한 것이라고 말할 수 있다.

그러나 이렇게까지 잘라 말하고 있는 점을 볼 때, 역시 히데타다가 사람들에게 매우 존경받았다는 사실을 짐작할 수 있다.

히데타다는 아버지 도쿠가와가 자신을 상속인으로 선택한 이유를 생각해보았다. 도쿠가와는 이런 말을 자주 했다.

"마상馬上에서 천하를 얻었지만 마상에서 정치를 해서는 안 된다."

말 위에서 천하를 얻었다는 것은 무력을 사용해서 사람들을 굴복시켰다는 의미다. 도쿠가와는 그것을 싫어했다. 그래서 정치는 반드시 덕을 사용해야 한다고 생각했다.

물론 덕이라는 것이 단순히 덕망이나 인덕만 의미하는 것은 아니다. 중국 사상가들이 '왕은 덕이 있어야 한다'라고 말할 때의 덕은 자신의 부하나 다스려야 할 백성들의 생활을 보장해주는 것이다. 즉, 부하를 먹여살리는 것도 최고 경영자의 책임이라는 뜻이다.

아버지 도쿠가와가 살던 시대의 하극상은 한마디로 표현하면 최고경영자에게 부하를 먹여살릴 능력이 없을 때 나타난 현상이다. 당시에는 아직 유학이 자리를 잡지 않은 상황이었다. 바꾸어 말하면 '충의忠義'라는 사고방식이 널리 보급되어 있지 않았다.

전국시대 무사가 주군을 선택하는 잣대는 주군이 자신을 먹여살릴 능력이 있는가 하는 것이었다. 주군에게 그런 능력이 없을 경우에는 즉시 그의 곁을 떠나버렸다. 직장을 옮기는 것이다. 이것이 전국시대 최고경영자의 고뇌였다.

그리고 전국시대의 싸움은 모두 무력을 동원한 것이었기 때문에 설사 천하를 얻었다 해도 그는 패권자로만 불렸다. 그런 패권자도 부하들로부터 덕이 없다는 평가를 받으면 즉시 그 자리에서 쫓겨났다.

히데타다는 그 점을 깊이 생각한 끝에 이렇게 판단했다.

'아버지가 셋째 아들인 나를 후계자로 선택한 이유는 이제 패권자의 시대는 끝났다는 사실을 천하에 알리기 위해서야.'

패권자에서 왕이 되기 위한 노력

패권자가 아니라면 무엇이 되어야 할까?

'그건 왕이 되는 거야.'

히데타다는 그렇게 결론을 내렸다. 패권자에서 왕이 된다는 것은 전국시대에서 태평성세로 바꾼다는 뜻이다. 또한 두 번 다시 국내에서 전쟁이 발생하지 않는다는 뜻이다. 즉, '패도霸道'에서 '왕도王道'로 바뀌는 것이다. 그때 필요한 것이 '제왕학'이다. 제왕학은 덕이 있는 왕이 되려는 마음가짐이다.

"패권자에서 왕으로 바뀌는 도중에 은퇴하신 아버지의 뜻을 물려받아 철저하게 제왕학을 공부해야 돼."

그렇게 판단한 히데타다는 왕답게 행동해야겠다고 결심했다. 왕답게 행동한다는 것은 왕이 되는 데 필요한 조건을 직접 실행하는 것이다.

다행히 한 가지 기준이 있었다. 그를 추천한 중역들의 의견에 이런 항목이 있었다.

"히데타다 님은 성격이 온화합니다. 앞으로는 무력을 사용하는 인물이 아닌, 덕망으로 사람의 마음을 끌어들일 수 있는 그런 인물이 필요합니다."

히데타다는 이 점을 이용하기로 했다. 자신이 천성적으로 갖추고 있는 덕을 더욱 활용하는 것이다. 그는 자신의 삶을 여기에 집중했다.

"그것이야말로 2대 쇼군인 나의 삶이야."

그렇게 결정하자 눈앞이 훤히 트이는 느낌이 들었다.

지금부터 할 이야기는 덕을 재생산하여 부가가치를 낳음으로써 천성적으로 갖추고 있는 덕을 모든 사람에게 인상 깊게 심어주려 한 히데타다의 노력에 관한 에피소드다.

도쿠가와는 세상을 떠날 때, 히데타다에게 이렇게 유언했다.

"내가 죽으면 다이묘들을 성으로 돌려보내지 말고 3년 정도 에도에 머무르게 해라. 그리고 그들의 동향을 잘 파악해라."

하지만 히데타다는 고개를 저었다.

"그렇게 할 수는 없습니다."

"내 말을 거역하겠다는 뜻이냐?"

"죄송합니다. 하지만 저는 오히려 아버지가 돌아가신 이후에는 다이묘들을 모두 각자의 성으로 돌려보내야 한다고 생각합니다. 만약 반란을 일으킨다면 제가 선두에 서서 직접 진압할 것입니다. 그런 예가 하나라도 발생한다면 천하는 즉시 태평스러워질 것입니다."

"그래, 맞는 말이다."

도쿠가와는 만족스럽게 고개를 끄덕였다. 보통때에는 지나칠 정도로 얌전해 보이는 아들 히데타다에게 그런 강인한 면이 있다는 사실이 기뻤다.

"그 말을 들으니 안심하고 눈을 감을 수 있겠다."

도쿠가와는 미소를 지으며 세상을 떴다.

히데타다의 방패가 된 아버지의 유산

도쿠가와의 유산은 막대한 것이었다. 현금도 엄청났다. 히데타다는 이것을 전부 형제에게 나누어주었다. 하지만 자신은 가지지 않았다. 형제와 가신들이 물었다.

"어째서 아버지의 유산을 물려받지 않는 것입니까?"

히데타다는 미소를 지으며 이렇게 대답했다.

"내게는 돈이 필요 없어. 아버지에게 천하를 물려받았으니까."

그리고 남은 돈은 모두 도쿠가와의 임시 무덤이 있는 구노잔에 거두었다. 이것이 세상에 알려졌다. 구노잔에 거둔 돈은 30만 냥이었지만 소문에는 점차 그 액수가 늘어났다.

"히데타다 님은 구노잔에 엄청난 돈을 가지고 있다."

이런 소문이 나돌았다. 그 액수도 50만 냥이다, 100만 냥이다, 하는 식으로 점차 부풀었다. 그런 소문을 들을 때마다 히데타다는 조용히 미소를 지었다. 자신은 한 푼도 가지지 않았지만 구노잔에 거둔 돈이 늘 그의 배후에서 얘기가 되었고, 이것으로 사람들은 한 가지 오해를 했기 때문이다.

"2대 쇼군의 배후에는 초대 쇼군이 남겨준 막대한 재산이 있다."

이것은 히데타다의 덕을 장식해주는 강력한 힘이 됐다.

잘못을 고치면 이미 다른 사람이다

히데타다는 사람을 활용할 때에도 매우 부드러운 방법을 사용했다.

"에도 성에서 일하는 그 사람은 이런 능력이 부족하기 때문에 문제가 있습니다. 아무래도 다른 곳으로 배치해야 할 것 같습니다."

중역이 이런 말을 하면 히데타다는 이렇게 물었다.

"처음에 그 사람을 그 자리에 앉힌 중역이 누구인가?"

"접니다."

"알았네. 그렇다면 자네야말로 다른 곳으로 배치를 받아야겠군. 결점이 있는 사람을 그런 중요한 자리에 앉힌 자네야말로 책임을 져야지."

이런 소문은 즉시 성안에 퍼진다. 결점이 있다는 지적을 받은 무사는 히데타다의 온정에 감사하고 중역은 자신의 실수를 깨달으며 반성하게 된다.

히데타다는 늘 이런 말을 강조했다.

"사람은 누구나 결점이 있다. 실수나 잘못을 저지를 수도 있다. 그러나 본인이 그 사실을 깨닫고 잘못을 고친다면 그는 이미 새로운 사람으로 다시 태어난 것이다. 그때는 과거의 잘못만 따져서는 안 된다. 오히려 앞으로 어떤 일을 할 수 있는지 그 점을 눈여겨보아야 한다."

이런 경영자 밑에 있는 직원들은 당연히 일에 대한 의욕을 갖게 되고 자신의 능력을 최대한 발휘하게 된다.

히데타다는 또 에도 성의 돌담을 흙담으로 바꾸었다.

"돌담은 전쟁을 연상시킨다. 흙담은 평화의 상징이다."

이런 이유에서였다. 히데타다의 덕에 관한 에피소드는 끝이 없다.

유배당한 적에게 베푼 온정

2대 쇼군 히데타다에게는 참고할 만한 에피소드가 많기 때문에 몇 가지 더 소개한다.

도쿠가와가 천하를 움켜쥐는 계기가 된 세키가하라 전투에서는 도쿠가와에게 대적한 다이묘 대부분이 벌을 받았다. 살해당하거나 영지를 몰수당하는 신세로 전락했던 것이다.

이 전투는 도요토미 히데요시의 총애를 받던 신하 이시다 미쓰나리가 계획한 것이다. 미쓰나리는 도요토미 정권에서 행정 사무를 담당하는 부교라는 신분이었다. 그 위에 '다이로'라는 각료급 중역이 있었다. 도쿠가와를 필두로 마에다 도시이에, 우에스기 가게카쓰, 우키타 히데이에, 모리 데루모토 등이 다이로에 해당한다.

세키가하라 전투에서 이시다 미쓰나리는 우키타 히데이에를 명목상의 총대장으로 내세웠다. 그러나 우키타 히데이에는 그렇게 적극적으로 싸우지 않았다.

주모자인 이시다 미쓰나리 등은 전투가 끝난 뒤에 처형됐지만 우키타 히데이에는 유배를 당하게 되었다. 도쿠가와가 목숨을 살려준 것이다.

히데이에는 하치조 섬으로 유배를 떠났다. 이때 아직 어린아이였던 히데이에의 아들도 함께 유배를 떠나게 되었다. 그 유모가 나섰다.

"저도 함께 가게 해주십시오."

도쿠가와 쪽 관리들은 어떻게 해야 좋을지 몰라 도쿠가와에게 보고했다. 도쿠가와는 아들 히데타다에게 맡겼다.

"네가 결정해라."

중역들 중에는 일본이 평화로워진 이후에는 히데타다 같은 온후한 인물이 쇼군에 어울린다고 진언하는 자들도 있었기 때문에 이 기회에 시험을 해볼 생각이었던 것이다.

히데타다는 즉시 판단을 내렸다.

"유모를 하치조 섬으로 보내십시오."

인정이 넘치는 이 판단에 우키타 가의 사람들은 고마움을 느꼈다.

우키타 히데이에의 아내는 마에다 도시이에의 딸이다. 마침 유모에게는 자신의 아들도 있었다. 아직 젖먹이 어린 아이였다. 하지만 유모는 자신의 아들도 섬으로 데려가고 싶다는 말은 차마 할 수 없었다. 그러자 히데이에의 아내가 그 아이를 돌보겠다고 자청했다.

"유모의 아이는 내가 돌보겠어요."

히데이에의 아내는 섬으로 유배를 떠나는 자신의 아이를 유모에게 부탁하고 그 대신 유모의 아이를 기르게 된 것이다. 이 이야기가 히데타다의 귀에 들어가자, 마음이 너그러운 히데타다는 보기 드물게 아름다운 이야기라며 그들을 칭찬했다.

섬으로 건너간 우키타 가는 곤경에 빠졌다. 섬이기 때문에 쌀도 풍족하지 않았고 물건을 구입하는 데에도 많은 돈이 필요했다. 섬 전체의 생활이 가난했다. 우키타 가족은 곧 궁핍한 생활에 빠졌다.

그래도 몇 년 정도는 그럭저럭 버틸 수 있었다. 그러나 더는 버틸 수 없는 상황에 이르자, 섬으로 건너간 유모는 소년이 된 자신의 아들에게 편지를 보냈다.

"이대로 가면 우키타 님 부자는 목숨을 잃을 수밖에 없다. 네가 마에다 가에 부탁해서 필요한 물건을 보내줄 수 있겠니?"

소년은 어머니의 편지를 들고 마에다 가를 찾아가 부탁했다. 마에다 가에서는 당황하지 않을 수 없었다. 당시 마에다 가는 백만 석의 봉록을 받고 있었지만 여전히 도쿠가와 막부의 경계를 받고 있었다.

'마에다 가는 특히 도요토미 히데요시와 인연이 깊다.

언제 모반을 꾀할지 알 수 없어.'

도쿠가와는 그런 눈으로 마에다 가를 지켜보고 있었다. 그런 상황에서 하치조 섬에 있는 유배자 우키타 히데이에에게 물건을 보냈다는 사실이 알려진다면 벌을 받을지도 모를 일이다.

"어떻게 하지?"

마에다 가는 고민에 빠졌다. 그러나 마에다 가에는 정이 넘치는 무사가 많았다. 중역들은 이 일을 막부와 의논해보기로 했다.

그즈음 도쿠가와는 이미 사망하고 히데타다가 2대 쇼군이 되어 있었다. 이 이야기를 들은 히데타다는 그 자리에서 허락했다.

"필요한 물건이 있으면 보내주도록 하시오."

히데타다는 마에다 가의 사람들이 딸의 시댁인 우키타 가를 걱정하는 모습에 감동한 것이었다. 특히 아직 어린아이인 유모의 아들이 어머니를 위해 하치조 섬에 물건을 보내줄 수 있게 허락해달라고 간청하는 태도가 히데타다를 감동시켰다.

인정 많은 쇼군이 허락하니 마에다 가도 기쁨을 감추지 못했다. 특히 유모의 아들이 기뻐했다.

이윽고 성인이 된 유모의 아들은 스님이 되었다. 그리고 늘 어머니를 그리며 살았다.

"이제 섬에서 나와 저와 함께 사십시다."

하는 편지도 자주 보냈지만 그때마다 어머니에게서는 이런 답장이 왔다.

"내 문제는 포기해라. 나는 우키타 님에게 목숨을 바친 몸이다. 그리고 도련님에게는 어머니가 계시지 않는다. 내가 어머니 대신 마지막까지 돌보아드려야 돼. 너도 부디 건강하게 잘 살기 바란다."

그 답장을 보고 유모의 아들은 눈물을 흘렸지만 어머니의 마음은 충분히 이해할 수 있었다. 그는 전국을 여행하면서 우키타 가와 어머니가 늘 건강하게 지내기를 부처님께 기원했다.

한편 히데타다는 생각날 때마다 그들을 걱정하며 부하들에게 근황을 물어보았다고 한다.

싸움에 패한 명장을 고향의 다이묘로 보내다

또 하나. 세키가하라 전투의 후일담이다.

지쿠고의 야나가와에 다치바나 무네시게라는 인물이 있었다. 그도 세키가하라 전투에서 이시다 미쓰나리 편이었다. 전투가 끝난 후 목숨은 건졌지만 영지는 몰수당했다. 이 상황을 지켜보고 있던 이웃 나라 구마모토의 가토 기요마사가 제안을 했다.

"이곳으로 오십시오."

하지만 무네시게는 고개를 저었다.

"제게는 부하가 워낙 많습니다."

"수백, 수천 명이라도 상관없습니다. 명장 무네시게 님의 가신이라면 저 기요마사가 보살펴주고 싶습니다. 그러니 걱정하지 말고 이곳으로 오십시오."

그 말에 무네시게는 수백 명의 가신들을 이끌고 구마모토로 향했다. 국경에 이르니 어디선가 수많은 농민들이 나타나 땅에 엎드리더니 두 손을 모으고 이별을 아쉬워했다. 무네시게는 백성들을 사랑하는 다이묘였다.

이 이야기가 히데타다의 귀에 들어갔다.

"가토 기요마사가 대체 무슨 생각을 하고 있는지 모르겠습니다. 무네시게와 손을 잡고 막부에 모반이라도 일으키려는 것인지 걱정입니다."

중역들이 의심스럽다는 듯 말했지만 히데타다는 미소를 지으며 고개를 저었다.

"기요마사는 정이 많은 다이묘다. 무네시게도 정이 많은 명장이라고 들었다. 기요마사는 무네시게를 단순히 친구로 대할 뿐이니까 걱정할 필요 없다."

맞는 말이었다. 무네시게는 도쿠가와 가에 반역할 생각 따위는 전혀 없었다. 기요마사도 지금은 마음이 바뀌어 있었다. 그는 이시다 미쓰나리가 싫었기 때문에 세키가하라 전투에서 도쿠가와 편에 섰다. 도쿠가와도 어느 정도 의심은 했지만 그를 믿었다. 그리고 기요마사를 이용하기로 결정했다.

'기요마사 정도의 다이묘를 내 부하로 삼는다면 도요토미 쪽 다른 다이묘들의 마음도 바뀔 거야.'

그러나 후에 기요마사의 가문은 멸망한다.

한편 무네시게는 기요마사의 구마모토 성에서 편하게 살았지만 점차 마음이 무거워졌다. 장래에 대해 전혀 희망을 가질 수 없었기 때문이다.

"언제까지나 가토 가의 신세를 질 수는 없어."

다이묘를 포기한 무네시게는 에도로 가야겠다고 판단했다. 그리고 기요마사에게 그 이야기를 했다. 기요마사도 무네시게가 바라는 일이라면 어쩔 수 없다면서 그 뜻을 받아들이기로 했다.

그러자 기요마사의 집에서 함께 신세를 지던 무네시게의 부하들도 따르겠다고 나섰다. 무네시게는 고개를 저었다.

"에도로 가도 생활이 보장되어 있지 않다. 나는 이제 부하를 거느릴 능력이 없어. 그러니까 각자 자신의 길을 가도록 해라."

하지만 부하들은 말을 듣지 않았다.

"그렇다면 20명 정도만 데려가겠다."

무네시게가 그렇게 말하자 이것이 또 문제가 되었다. 격론이 오간 끝에 결국 제비뽑기로 결정했다. 선발된 20명은 기뻐했지만 선발되지 못한 부하들은 눈물을 흘렸다. 이런 광경을 지켜본 기요마사는 무네시게와 그 부하들의 끈끈한 정을 부러워했다. 그리고 이 이야기도 히데타다의 귀에 들어갔다. 히데타다는 줄곧 무네시게에게 관심을 기울이고 있었던 것이다.

에도로 나온 무네시게는 특별히 할 일이 없었다. 20명의 부하들이 동행했지만 부하에게 급여를 줄 형편도 아니었다. 무네시게 자신이 굶어야 할 상황이었다. 20명의 부하들은 의논 끝에 에도 시내에서 아이들을 가르치거나 탁발승 행세를 하여 벌어들인 돈으로 주군을 모셨다. 무네시게는 매일 책을 읽으며 생활했고 부하들은 그 모습을 보며 기뻐했다.

"무네시게 님이 생활에 신경 쓰시게 하면 안 돼. 생활은 우리가 알아서 처리해야 돼."

이 이야기가 또 히데타다의 귀에 들어갔다. 관심을 가지고 있던 무네시게가 에도로 와서 거의 부랑자 같은 생활을 하고 있다는 말을 들은 히데타다는 부하들의 충성을 높이 평가했다.

히데타다는 무네시게에게 1만 석의 급료를 주며 이렇게

말했다.

"내 말상대를 맡아주게."

무네시게는 그 뜻을 받아들였다.

이윽고 지쿠고의 야나가와를 담당하고 있던 다이묘가 죄를 지어 그 영지를 몰수하게 된 히데타다는 무네시게를 그곳 후임자로 결정했고, 무네시게는 10만 석의 봉록을 받는 다이묘가 돼 고향으로 돌아갔다. 2대 쇼군인 히데타다의 따뜻함이 배어 있는 정책이었다.

현대적으로 재해석한
도쿠가와 이에야스의 경영철학

옮긴이의 말

경영에서 가장 중요한 부분은 무엇일까? 자본, 자산, 경영방침, 경영자의 사고방식 등 제시할 수 있는 사항은 여러 가지가 있을 수 있다. 그러나 경영의 한 요소로 인적 자원이 작용하는 한, 가장 중요한 사항은 바로 인간관리다.

경영은 자본을 바탕으로 인적 자원을 활용하여 사람에게 상품을 판매, 그 수익을 올리는 것으로 정점에 이른다. 따라서, 인적 자원을 어떻게 활용하느냐에 따라, 어떻게 각자의 능력을 살리고 관리해주느냐에 따라 실적에서 엄청난 차이가 발생할 수 있다. 도쿠가와의 인간경영 방법은 바로 이런 점에서 시사하는 바가 크다.

한 사람에게 꽃(권력)과 열매(금전적 대가)를 함께 쥐어주지 않는 이유는 서로를 견제하기 위함이다. 경영자가 측근을 관리할 때, 이 점에 주의를 기울이지 않아 회사가 도탄에 빠지는 경우를 우리는 매스컴을 통해서 흔히 볼 수 있다. 한쪽에는 꽃을, 다른 한쪽에는 열매를 쥐어주는 것으로 각각의 이점을 분산시키는 방법을 선택, 경영자 자신이 그 두 가지를 용해시키는 입장에 서 있다면 굳이 스스로 그들을 견제하지 않아도 상호견제성에 의해 당연히 주권이 경영자의 손에 쥐어지게 된다. 이것이 인간경영의 기본적 사고방식이라고 도쿠가와는 주장했다.

한편, 인간경영의 두 번째 방법론은 '원교근공遠交近攻'이다. 멀리 떨어져 있는 사람과는 가까워지기 위한 노력을 기울이고 가까운 곳에 있는 사람(측근)과는 적절한 선을 유지하여 형평성과 보편성을 유지함으로써 경영자 자신의 객관성을 부각시키는 경영 방법이 바로 '원교근공'이라고 말할 수 있다.

회사의 도산이나 해체 작업이 이루어질 때, 그 배경에

깔려 있는 문제점을 살펴보면 재미있는 사실을 발견할 수 있다. 그 회사가 위기 상황에 빠질 때까지 경영자가 회사의 재무 상황을 제대로 파악하지 못하고 있었거나 측근을 지나치게 믿고 있었다는 점이다. 멀리 있는 사람, 즉 소비자나 경제전문가들의 말에 귀를 기울이기보다는 측근들의 지나치게 긍정적인 사고방식과 교묘한 언변에 이끌려 현실을 제대로 파악하지 못하고 있었다는 뜻으로, 이것이야말로 원교근공이 얼마나 중요한 사항인지 잘 대변해준다.

정치도 같은 견해로 판단해볼 수 있다.

지금까지의 정치 지도자들을 잘 살펴본다면 누구나 쉽게 판단할 수 있는 일이지만, 측근을 잘 활용할 줄 알았던 지도자들과 그렇지 못한 지도자들 사이에는 국가적 발전에 이바지한 공로 면에서 엄청난 차이가 발생한다.

국가적 위기 상황을 연출하거나 진전이 아닌 퇴보의 길을 밟을 수밖에 없었던 정치 지도자의 경우, 거의 틀에 박힌 듯 지나칠 정도로 측근의 의견에만 귀를 기울였고 또한, 특정 인물 몇몇에게만 꽃과 열매를 모두 주었다는 점을 발견할 수 있다. 정치 지도자가 국가의 최고 권력자이든, 국민을 대표하는 의원이든, 다른 어떤 경우이든 측근의 활용은 그가 소속되어 있는 집단에 막강한 영향을 끼친다.

도쿠가와의 '원교근공'을 다른 의미에서 해석한다면, 측근의 의견이나 조언과 객관적인 평가를 내릴 수 있는 입장에 놓여 있는 외부 인물의 의견이나 조언을 적절히 비교, 검토하여 지도자의 주관적인 판단과 객관적 데이터를 멋지게 합성해 가장 합리적인 의견을 만들어내는 것이라고 설명할 수 있다.

토사구팽과 복지부동이 마치 관행처럼 굳어져 있는 정치적 현실에서 이 점은 매우 중요하다. 토사구팽은 지도자가 측근을 이용하는 행위이고 복지부동은 측근이 지도자를 이용하는 행위라고 설명할 수 있다. 토사구팽은 책임감의 결여와 이기적인 속성 때문에 자신이 빠져나갈 구멍만 만드는 데 초점을 맞추고 있는 지도자에게서 나타나는 현상이고, 복지부동은 꽃과 열매를 함께 움켜쥐어 지도자를 장악하려는 측근에게서 나타나는 현상이다. 그리고 이런 현상과 결과는 결국 지도자가 소속되어 있는 집단, 즉 최고 권력자인 경우에는 국민, 의원인 경우에는 소속 지역의 주민들에게 비판적 사고방식과 냉소적 무관심을 유발시킨다. 이것은 '원교근공'이라는 인간경영을 제대로 이루어내지 못했기 때문이다.

도쿠가와는 경영인이 아닌 정치인이다. 따라서 도쿠가와의 인간경영 방법은 정치가의 기본적 사고방식과 깊은 관계가 있다고 말할 수 있다. 그런데 이것이 경영자의 입장에서도 충분히 활용될 수 있는 이유는 경영이나 정치가 근본적으로 사람을 어떻게 활용하느냐에 따라 승패가 좌우되기 때문이다. 물론, 그의 경영 방법에는 여러 가지가 있다.

· 모든 면에 분단법分斷法을 활용한다.

· 늘 민심의 동향을 파악한다.

· 상인의 검소한 생활, 계산 능력, 재능 등 세 가지 원칙을 기본 전략으로 삼는다.

꽃과 열매를 동시에 쥐어주지 않는다는 방법과 '원교근공'을 제외하면 위와 같은 내용을 들 수 있는데, 이것들도 모두 오늘날의 정치 지도자와 경영자들이 늘 염두에 두어야 하는 사항들이다.

경영에서 거래 관계가 바탕이 되어 들어오는 수입에 목

적이 있다면 정치에서는 가능성을 제시하여 사람들의 마음을 끌어들이는 데 목적이 있다고 말할 수 있고, 이것은 바로 인간경영의 핵심이 되는 사항이다.

무사 출신인 도쿠가와가 자신을 최고의 지위에 앉힌 무사들의 지위를 낮추는 한편, 민심의 동향을 받아들여 태평성세를 강구했다는 점은 그의 정치적 이념이 단순히 개인의 이익이 아닌, 국가적 진보에 바탕을 두었다는 점에서 측근들에게는 불만의 대상이 되었을지 모른다. 그러나 국민의 입장에서는 새로운 세계, 수직적이었던 무사와 일반 백성의 관계를 수평적 관계로까지 끌어내려 평등성을 제공했다는 점에서 칭송을 들을 수 있었다는 사실을 요즘의 정치인들은 어떻게 받아들일까?

사실, 인간관리라는 측면에서 보면 정치와 경영은 분리할 필요가 없다. 또한, 최고지도자나 최고경영자가 아닌 일반 직장인의 경우, 예를 들어 부장이나 과장, 영업 부문이라면 팀장의 경우에도 도쿠가와의 이러한 인간경영학은 충분히 활용될 수 있다.

사람은 누구나 첫 계단을 밟고 올라서는 순간부터 마지

막 계단에 오르기 위한 전쟁에 돌입한다. 평범한 직장인이었던 시절부터 그 목표 지점을 향해 인간관리 방법을 도입, 활용하는 자세를 갖추어두어야 좀 더 높은 지위에 올라 리더가 되었을 때 자연스런 인간관리가 가능해지는 것이 아닐까.

도쿠가와도 인질로 잡혀 있던 어린 시절부터 자신의 마음을 쉽게 드러내지 않고 일본 최고의 지도자가 되기 위한 발판을 꾸준히 다졌다. 최고의 자리, 최고의 지위는 우연히 얻어지는 것이 아니라 최하의 자리, 최하의 지위에 있었을 때부터의 노력의 결과다.

중년으로 접어든 시점에서 옮기게 된 『도쿠가와 이에야스의 인간경영』은 모든 결과의 내면에는 끊임없는 노력이 존재한다는 사실을 내게 다시 한번 일깨워주었다.

2000년 1월
옮긴이 이정환

옮긴이 이정환

경희대학교 경영학과와 인터컬트 일본어학교를 졸업했다. ㈜리아트 통역과장을 거쳐, 현재 전문 번역가 및 동양철학, 종교학 연구가, 역학 칼럼니스트로 활동하고 있다. 옮긴 책으로『돈의 맛』『2억 빚을 진 내게 우주님이 가르쳐준 운이 풀리는 말버릇』『지적자본론』『나는 내가 아픈 줄도 모르고』『구마겐고, 건축을 말하다』『사소하지만 강력한 말의 기술』『오다 노부나가 카리스마 경영』『적을 경영하라』등이 있다.

도쿠가와
이에야스
인간경영

초판 1쇄 2000년 3월 15일
4판 1쇄 2022년 5월 26일
4판 2쇄 2022년 6월 21일

지은이 도몬 후유지
펴낸이 박진숙 | 펴낸곳 작가정신
편집 황민지 | 디자인 나영선 | 마케팅 김미숙
홍보 조윤선 | 디지털콘텐츠 김영란 | 재무 오수정
인쇄 및 제본 영림인쇄

주소 (10881) 경기도 파주시 문발로 314
대표전화 031-955-6230 | 팩스 031-944-2858
이메일 editor@jakka.co.kr | 블로그 blog.naver.com/jakkapub
페이스북 facebook.com/jakkajungsin | 인스타그램 instagram.com/jakkajungsin
출판 등록 제406-2012-000021호

ISBN 979-11-6026-284-1 03320

이 책의 판권은 저작권자와 작가정신에 있습니다.
이 책 내용의 전부 또는 일부를 재사용하려면 양측의 서면 동의를 받아야 합니다.
경영정신은 작가정신의 경제경영서 브랜드입니다.